Werner Steinbeiß
Der Geschmack der Erde

Werner Steinbeiß

Der Geschmack
der Erde

Die Lebensgeschichte
des Federico García Lorca

BELTZ
& Gelberg

Werner Steinbeiß, geboren 1951 in Augsburg, besuchte nach einer kaufmännischen Ausbildung das Abendgymnasium und studierte anschließend Soziologie in München. Es folgte ein Studienaufenthalt in Spanien. Danach Forschungsarbeiten in einem sozialwissenschaftlichen Institut in München. Heute arbeitet er als freier Übersetzer und Journalist.

Lektorat Susanne Härtel
© 1987 Beltz Verlag, Weinheim und Basel
Programm Beltz & Gelberg, Weinheim
Einband und Reihenlayout Willi Glasauer, Frankreich
Gesamtherstellung Druckhaus Beltz, 6944 Hemsbach
Printed in Germany
ISBN 3 407 80674 4

Inhalt

Federico García Lorca mit 21 Jahren (1919)

Farben

Über Paris hat der Mond
die Farbe violett,
und er geht gelb unter
in den erstorbenen Städten.

Es gibt einen grünen Mond
in allen Legenden,
einen Spinnwebenmond
der zerbrochenen Fenster,
und über den Wüsten steht
ein tiefer blutiger Mond.

Aber der weiße Mond,
der einzig wahre Mond,
scheint nur über den stillen
Dorffriedhöfen.

»Meine entferntesten Kindheitserinnerungen haben den Geschmack von Erde«

(1898–1909)

Umgeben von Olivenhainen gleitet die Stadt Granada hinunter in die fruchtbare Ebene der Vega. Das silberne Grün der Ölbäume geht in das frische Grün einer Oase über. Wie ein vielfarbener Teppich breitet sich das künstlich bewässerte Land mit seiner üppigen Vegetation zu Füßen der schneebedeckten Gipfel der Sierra Nevada aus.

Sowohl Schönheit als auch ihre außerordentliche Fruchtbarkeit verdankt die Vega von Granada den spanischen Arabern. Von den Wüsten Afrikas waren sie zu Beginn des 8. Jahrhunderts nach Spanien übergesetzt und hatten ihr neues Land Al-Andalus genannt, Land des Westens, das heutige Andalusien. 800 Jahre lang blühte das maurische Königreich. In dieser Zeit hatten die für ihre Kunst im Bewässerungsbau berühmten Söhne der Wüste das Land in eine fruchtbare Ebene verwandelt. Duftender Jasmin und Lilienbüsche trennten die Obsthaine voneinander, denn die Vega wurde nicht nur landwirtschaftlich genutzt, sondern sie diente auch als Garten der Beschaulichkeit und Erholung, in der die maurischen Könige die Sommermonate zu verbringen pflegten. Anstatt wie ihre christlichen Nachbarn auf das Paradies im Jenseits zu warten, schufen sie es sich zu Lebzeiten.

Eines der Dörfer im Herzen der Vega mit ihren strahlend weißen Häusern und roten Dächern nennt sich Fuente Vaqueros. Es ist das Dorf, in dem am 5. Juni 1898 der Poet Federico García Lorca geboren wurde.

Im Hof hinter einem dieser Häuser war des Abends die Familie García unter dem dicken Feigenbaum versammelt. Die Arbeit auf dem Feld und im Haus war getan, und wie so oft an solchen Abenden gesellten sich Verwandte und Freunde der Garcías hinzu, um Musik zu spielen und zu singen. Don Federico García Rodríguez war ein begeisterter Gitarrenspieler, und wie er hatten auch seine acht Geschwister ein außerordentlich musikalisches Talent von ihrem Vater weitervererbt bekommen. Vor allem Onkel Baldomero war in der ganzen Vega als hervorragender Sänger bekannt, der nicht nur einen unerschöpflichen Vorrat an alten Liedern und Romanzen besaß, sondern auch bei den verschiedensten Gelegenheiten treffende Verse improvisierte.

Im Kreis seiner Familie, der noch von den Dienstboten und Arbeitern erweitert wurde, saß Federico. Seine Augen hingen an den Händen des Gitarrenspielers und den Lippen des Sängers. Er war fasziniert von den traurigen Balladen, den alten Romanzen, den lustigen Reimen und vom melancholischen Klang der Gitarre. Und da jeder der zahlreichen, musikalischen Garcías seine spezielle Vorliebe und Begabung hatte, war das Angebot vielfältig. Es ertönten Siguiriya, Soleares, Tonos ..., die altbekannten spanischen Gesänge aus längst vergangener Zeit.

Noch bevor Federico richtig sprechen gelernt hatte, summte er schon viele der beliebten Melodien vor sich hin. Die pechschwarzen Haare fielen ihm dabei über die großen aufmerksamen Augen, die manchmal auch recht frech dreinschauen konnten. Mit acht Jahren kannte der zierliche Federico bereits mehr als hundert solcher Volkslieder auswendig. Er besaß eine reiche Phantasie, genährt von den Geschichten jener Romanzen und Erzählungen, die er von seiner Familie oder seinen alten Kindermädchen hörte.

Fuente Vaqueros war eines jener außergewöhnlichen Dörfer Andalusiens, deren Bewohner trotz des im Süden Spaniens immer noch vorherrschenden Analphabetismus' eine bewundernswerte Bildung und ein feines Gespür für Musik und Literatur besaßen. Es waren Bauern, die am Abend nach der Feldarbeit noch ein Buch zur Hand nahmen oder Musik machten. Die Bücher, die unter den Nachbarn zirkulierten und beim abendlichen Zusammenhocken leidenschaftlich diskutiert wurden, waren meist schlechte Übersetzungen anarchistischer Literatur von Kropotkin, Nietzsche oder Tolstoi, die man damals für einige Peseten kaufen konnte. Die meisten Bewohner Fuente Vaqueros verstanden sich ganz nach andalusischer Tradition als Anarchisten mit einem ausgeprägten Gefühl für ihre persönliche Unabhängigkeit und einer gelassenen Hartnäckigkeit. Ihr geringes Interesse an religiösen Angelegenheiten war bekannt – die Kirche hatte einen schweren Stand. *»Eres más exagerado que la gente de la Fuente«*, pflegte man in der Vega zu sagen. »Du bist noch mehr überzogen als die Leute von der Fuente.«

Hier ließ sich gegen Ende des Jahrhunderts Don Federico García Rodríguez nieder. Durch geschickte Landkäufe war er zum Zeitpunkt der Geburt seines ältesten Sohnes Federico zum wohlhabendsten Bauern mit eigenem Land geworden. Don Federico war ein Mann, der Intelligenz, Ernsthaftigkeit, Sensibilität und Entschlossenheit zugleich mit einem exakten Sinn für seine Stärke und seine Rechte in sich vereinigte. Bevor er nach Fuente Vaqueros gekommen war, hatte er als Sekretär im Rathaus der umliegenden Dörfer gearbeitet, damals auf dem Land die einzige Möglichkeit schriftkundiger Leute. Später war er zeitweise auch als Richter tätig gewesen, was ihm den Respekt und die Zuneigung der Bewohner der Vega eingebracht hatte.

1897 heiratete Don Federico in zweiter Ehe – seine erste Frau war nach vierzehn Jahren Ehe gestorben, ohne Kinder zu hinterlassen – Doña Vicenta Lorca Romero aus Granada, die seit 1892 den Kindern von Fuente Vaqueros Lesen und Schreiben beibrachte. Doña Vicenta war eine Frau, die es verstand, Zuneigung und Strenge glücklich zu kombinieren. »Meine Mutter dirigierte alles«, erinnerte sich Federico später.

In den Eltern verbanden sich zwei Elemente, die im Leben und Werk des zukünftigen Dichters immer lebendig blieben: Der Vater, der die Felder der Vega bearbeitete, versinnbildlichte die starke Stimme der andalusischen Erde und die Mutter die weichen Klänge der städtischen Ecke der Provinz. »Von der Mutter erbte ich die Intelligenz und die künstlerische Begabung, vom Vater die Leidenschaft.«

Doña Vicenta brachte aus Granada, dieser an künstlerischer Tradition reichen Stadt, ihre Begeisterung und Vorliebe für Musik und Literatur mit in das Dorf. »Kindheit ist für mich, mit meiner Mutter Buchstaben und Musik zu lernen«, sagte der Dichter später rückblickend. Doña Vicenta hörte leidenschaftlich gern klassische Musik, und es fehlte im Haus keine Schallplatte, die es in den damals noch schwach bestückten Musikgeschäften Granadas zu kaufen gab. Ihre literarische Begeisterung galt den Romanen und Dramen von Victor Hugo, und die Luxusausgabe in rotem Leder seiner gesamten Werke, die Don Federico kurz nach dem Tod des Schriftstellers gekauft hatte, wurde zu Federicos ersten Leseerfahrungen.

Zwei Jahre nach Federico kam Luis zur Welt, der aber im Alter von zwei Jahren starb. Eines der ersten Gedichte Federicos ist mit »Federico Luis« unterzeichnet; sein plötzliches Verschwinden mußte ihn sehr getroffen haben. Danach kamen Francisco, der es später bis zum Botschafter brachte, Conchita und Isabelita – vier intelligente und lustige Kinder aus einem reichen Haus in einem armen Dorf.

Zunächst war Federico ein Junge wie jeder andere. Mit den Geschwistern und den unzähligen Cousins und Cousinen spielte er in den Feldern und Wiesen, versuchte, Rebhuhnküken oder Schmetterlinge zu fangen, und verbrachte ein freies und vergnügtes Dasein in der sonnigen Landschaft der Vega. Doch gleichzeitig besaß er die ausgeprägte Fähigkeit, sich in sich selbst zu versenken, sehr genau alles Leben um sich herum wahrzunehmen, auch den toten Gegenständen Leben zu verleihen und sich daraus seine eigene kleine Welt zu formen. Diese Welt befand sich in der freien Natur in all ihrer Vielfalt, war voller Überraschungen, eine Art seltsames Paradies, das ständig seine Aufmerksamkeit beanspruchte.

Eines Tages lag Federico über eine Stunde lang auf der Erde, ohne sich zu bewegen oder den Blick vom Boden zu heben. Die Kinderfrau, die ihn besorgt beobachtete, hörte nur ab und zu ein unverständliches Gemurmel und sah, wie er aufmerksam dem Verlauf einer Ameisenstraße folgte, als dirigiere er die gesamte Ameisenkolonne. Die Kinderfrau rannte aufgeregt ins Haus, um die Mutter zu holen, damit sie das Wunder betrachte:»Señora, Señora, kommen Sie, der Junge spricht mit den Ameisen, und sie gehorchen ihm.«

Doña Vicenta war eine treue, aber sicherlich keine fromme Katholikin, doch bei ihrem täglichen Gang zur Kirche hatte sie meistens Federico an der Hand. Fasziniert vom mystischen Ritual und den farbenfrohen Prozessionen in der Kirche, begann Federico bald, diese Welt auf seine Weise nachzubilden. Im Hof, zwischen Hühnern und Blumen, errichtete er seinen»Altar«. Carmen Ramos, die damals etwa gleichaltrige Tochter von Federicos Kinderfrau, hat die Szenen noch in lebendiger Erinnerung:

»Sein Lieblingsspiel bestand damals aus Messenlesen. Im Hof war eine niedrige Mauer, auf die er ein Bild der Heiligen Jungfrau und ein paar Rosen aus dem Garten stellte. Und vor den improvisierten Altar mußten wir uns setzen – sein Bruder Francisco, meine Mutter, einige Kinder vom Dorf und ich –, und dann, in seltsame, geblümte Kleider gehüllt, las er mit enormer Überzeugung seine Messen. Bevor er die Zeremonie begann, stellte er eine Bedingung: Wir mußten während der Predigt weinen. Meine Mutter konnte nie darauf verzichten, ihm seinen Wunsch zu erfüllen!«

Federicos Sinn fürs Dramatische bekam noch weitere Nahrung, als eines Tages eine Gruppe Zigeuner mit ihrem kleinen Marionettentheater ins Dorf kam. Federico kehrte mit seiner Mutter gerade von der Kirche zurück und beobachtete, wie die fremdartigen Menschen auf dem Dorfplatz ihr bescheidenes Theater aufbauten. Federico war kaum mehr vom Dorfplatz zu bewegen, er konnte nichts essen, und nach der

Vorstellung am Abend kam er in völlig erregtem Zustand nach Hause. Gleich am nächsten Tag wich seine Begeisterung für das kirchliche Zeremoniell der weltlicheren Leidenschaft der Schauspielerei, der Altar wurde durch ein Theater ersetzt. Seine Kinderfrau bekam eine neue Rolle zugeteilt: Sie mußte ihm beim Herstellen der Puppen beistehen. Aus Karton, Stroh und Stoffresten entstanden die Gestalten, mit denen der kleine Regisseur seine Welt inszenierte.

Carmen Ramos gehörte natürlich auch zum Publikum: »Wir erkannten uns alle wieder in Federicos Marionetten: meine Mutter, Don Antonio, die Dienstboten und ich . . . , so wie wir uns später in dem einen oder anderen seiner Stücke wiedererkannten. Besonders meine Mutter, die mehrere Male als Vorbild für die Dienstboten in seinen Dramen diente . . . «

Es dauerte nicht lange, bis Doña Vicenta eines Tages mit einem herrlichen Geschenk für Federico aus Granada zurückkam: einem echten Marionettentheater.

Einige Monate nach seiner Geburt war Federico an Kinderlähmung erkrankt, weshalb er erst spät seine ersten Gehversuche unternahm und ihm eine dauernde Abneigung gegen schnelles Laufen blieb. Später gestand er einem Freund: »Ich hatte immer Schwierigkeiten, meinen Kameraden beim Herumrennen zu folgen. Also suchte ich nach tausend Wegen, sie bei mir zu halten.« Messenlesen und Theaterspielen waren für Federico eine Möglichkeit, sein eigenes Publikum um sich zu scharen.

Erste Anzeichen dichterischer Spontaneität zeigen sich in dieser kleinen Episode: Beim Spiel geriet Federico in Streit mit einem Jungen, und da er ihn irgendwie besonders treffen wollte, ihm aber nichts einfiel, suchte er nach Ideen aus seiner momentanen Umgebung. Nachdem sich auf dem leeren Dorfplatz aber gerade nichts abspielte, nur eine Mutter vor dem Haus ihr Kind kämmte und ein Pferdewagen mit der Aufschrift »Cosario del Alquián« langsam den Platz überquerte, rief er dem Jungen zu: »Ach du . . . du Sohn einer Kämmerin und des Cosario del Alquián.«

Mit der drückenden Hitze am Nachmittag kehrte im Dorf sanfte Stille ein, die nur durch gelegentliches Hundegebell oder einen Glockenschlag unterbrochen wurde, doch sobald die Hitze am Abend etwas erträglicher wurde, füllten sich die engen Straßen wieder mit Leben.

Türen und Fenster öffneten sich, und auf ihren Schilfrohrhockern am Hauseingang saßen die Leute, um die frische Brise, die vom Fluß herüberwehte, zu genießen. An Gesprächsstoff fehlte es nie. Die Nachrichten von Kriegen in entlegenen Ländern, die – wenn auch spärlich – bis in die Vega drangen, das Attentat auf den machtbesessenen König Afonso XIII, das unglücklicherweise scheiterte, oder die Großtuerei des Kaisers Wilhelm II. mochten zwar für den Lauf der Weltgeschichte von höchster Bedeutung sein, für die einfachen Leute von Fuente Vaqueros waren sie eher nebensächlich und gaben nur wenige Minuten Gesprächsstoff ab. Zweifellos von höherem Interesse waren die lokalen Angelegenheiten. Etwa, daß die Tochter des Bürgermeisters geheiratet hatte, der alte Don Casiano gestorben war, daß Pepe Belver, der Dumme, ein Maultiergespann an Zigeuner verkauft hatte, die ihn mit selbsthergestellten Kupfermünzen bezahlten, oder daß der Sohn Paco Fontanellas, der auszog, um dem König zu dienen, wohl nicht mehr zurückkommen werde. Aber da sich in einem Dorf wie Fuente Vaqueros die Ereignisse auch nicht gerade überstürzten, kam dann sehr schnell der Augenblick, auf den die Kinder so gespannt gewartet hatten. Denn nun wurden zur Unterhaltung eigene Erlebnisse, Geschichten und Sagen erzählt. Und es war vor allem Federico, der begierig forderte: »Papa, erzähl! ... Onkel Enrique, erzähl! ... Onkel Frasquito, erzähl!«

Don Federico und seine Brüder hatten als junge Burschen ein recht bewegtes Wanderleben geführt und besaßen einen reichen Schatz an Geschichten. Sie hatten in einer ereignisreichen Epoche gelebt, der Epoche der Putsche, der permanenten Kämpfe anarchistischer Bauern gegen die Guardia Civil und der Räuberbanden, die die Vega damals bevölkerten.

Don Federicos schönste Geschichte war die von Zafra und Carmona. Diese beiden Männer gehörten zu den Räubern, die während des 19. Jahrhunderts durch das arme, von Großgrundbesitzern beherrschte südliche Spanien streiften. Sie traten einzeln auf oder in Banden und betrachteten sich als Rächer der Armen – eine andalusische Version von Robin Hood –, die auf ihre eigene Weise für Gerechtigkeit sorgten.

Zafra und Carmona waren immer nur zusammen auf ihren feurigen Pferden anzutreffen. Das Gewehr über die Schultern gehängt, galoppierten sie über die steinige Sierra oder die verborgenen Pfade der Vega. Wenn sie Halt einlegten, dann nur, um bei »ehrlichen Leuten«

um Vorräte zu bitten oder als unversöhnliche Rächer die Häuser von betrügerischen Geschäftemachern oder ausbeuterischen Landbesitzern zu überfallen. »Zafra und Carmona! Salud!« riefen die Bauern ihnen zu. Keiner verriet sie, obwohl die Guardia Civil in Scharen ausströmte, um sie im Schutz der schweigsamen Konspiration der Nachbarn vergeblich zu suchen. Aber schließlich gerieten sie doch in einen Hinterhalt, und in einer Hütte in den Bergen umzingelt, verteidigten sich die beiden wie die Löwen bis zum Tod. Als man später ihre leblosen Körper ins Dorf brachte, setzte gerade ein fürchterliches Gewitter ein. Noch über viele Jahre hinweg pflegten die Alten bei jedem außergewöhnlich starken Gewitter zu sagen:»Es gießt wie damals, als sie Zafra und Carmona umbrachten . . .«

Es sind Geschichten wie diese, die eines Tages zu den Bildern von Lorcas »Zigeunerromanzen« wurden. Welches Thema Federico García Lorca später auch aufgriff, immer stand es in engem Zusammenhang mit der Vega und seiner Kultur, war es voller Bilder aus seinen Kindheitserinnerungen.

Das Haus der Garcías war stets offen für Federicos Spielkameraden aus dem Dorf, doch fast alle, die es betraten, um mit dem »Sohn von Doña Vicenta« zu spielen, waren armer Herkunft. Federico wurde bald bewußt, daß er in einer sozial und familiär privilegierten Situation lebte. Besonders nahe ging ihm das Schicksal seiner *amiguita rubia*, seiner kleinen Freundin mit den blonden Haaren. Ihr Vater war ein rheumageplagter Tagelöhner und die Mutter eine »Märtyrerin des Lebens und der Arbeit«. Federico besuchte oft das Haus seiner Freundin, und manchmal wurde ihm zu verstehen gegeben, daß er jetzt nicht kommen könne, weil die Mutter die einzigen Kleider wusch und die ganze Familie solange nackt bleiben mußte. »Ich spürte deshalb eine große Unruhe und eine drückende Last im Herzen, als ich nach Hause ging und in den mit frischen und wohlriechenden Kleidern gefüllten Schrank sah«, schrieb Federico später in seinem Rückblick auf »Mein Dorf«.

Der Protest gegen soziale Ungerechtigkeit ist aus dem ganzen Werk García Lorcas herauszuhören: »Niemand getraut sich, das zu verlangen, was er braucht. Aus Würde und Kleinmut wagt es niemand, um Brot zu bitten. Ich sage das, der ich inmitten dieses schmerzvollen Lebens aufgewachsen bin. Ich protestiere gegen die Mißachtung des Arbeiters auf dem Lande.«

Ein anderes wichtiges Erlebnis für Federico war die plötzliche Begegnung mit der jahrtausendealten Geschichte Andalusiens. Die fruchtbaren Äcker der Vega waren bislang mit einem primitiven Holzpflug, der kaum die Oberfläche aufriß, bearbeitet worden. Einige Bauern hatten sich nun neue, effektivere Pflüge aus Eisen gekauft, und als sie zum erstenmal eingesetzt wurden, marschierte Federico neugierig hinter dem Gerät her und fand großen Gefallen daran, wie sich der Pflug tief in die Erde eingrub. Plötzlich blieb der Pflug an einem harten Gegenstand hängen, einem Stück alten römischen Mosaiks.»Es hatte eine Inschrift, an die ich mich jetzt nicht mehr erinnere, obwohl mir, ich weiß nicht warum, die Namen der Hirten Daphnis und Chloe ins Gedächtnis kommen. Dieses mein erstes Staunen über Kunst ist mit der Erde verbunden. Die Namen Daphnis und Chloe haben ebenfalls den Geschmack von Erde und Liebe.« So wurde schon dem kleinen Jungen die alte andalusische Zivilisation vor Augen geführt: Auf dem Land seiner Familie hatten einst römische Bauern gearbeitet und danach die fremdartigen Araber!

Über García Lorca als Schüler ist nicht sehr viel bekannt. Schule und auch später die Universitätszeit waren für Federico nur eine lästige Nebensache; Noten, Prüfungen oder akademische Titel blieben ihm immer gleichgültig.

Die spanischen Schulen befanden sich zu diesem Zeitpunkt fast ausschließlich unter Kontrolle der Kirche, und der Unterricht beschränkte sich normalerweise auf das Auswendiglernen der Paragraphen im Katechismus. Doch Federicos erster Lehrer, Don Antonio Rodríguez Espinosa, ein guter Freund der Familie García, war einer jener fortschrittlichen und aufgeschlossenen Erzieher, die den pädagogischen Ideen der damals gegründeten *Institución Libre de Enseñanza*, einer Einrichtung, die für freie Erziehung eintrat, folgten.

Federico lernte allerdings nur die ersten Buchstaben des Alphabets von diesem außergewöhnlichen Lehrer. Zwar kam er bereits mit drei Jahren in Don Antonios Obhut – auf dem Klassenphoto ist Federico im Matrosenanzug und einem leicht erschrockenen Gesicht zu sehen –, doch verließ der bald danach Fuente Vaqueros. Sein Nachfolger schien pädagogisch weniger geschickt gewesen zu sein, jedenfalls ist dann nur noch von »extremer Langeweile« in der Schule die Rede.

Als Federico zehn Jahre alt wurde, schickten ihn die um seine Erziehung besorgten Eltern nach Almería auf das Gymnasium. Don Antonio war dort inzwischen Leiter einer anderen Schule geworden, und zusammen mit zwei Cousins durfte Federico im Haus des geliebten Lehrers wohnen. Aber wiederum war der Aufenthalt bei Don Antonio nur ein kurzes Zwischenspiel. Anfang des Jahres 1909 erkrankte Federico schwer an einer Entzündung des Rachens, die für ihn fast tödlich endete, und die Eltern holten ihn zurück. Die Familie war inzwischen nach Asquerosa umgezogen, wo Don Federico einige Fincas, wie die kleinen Landgüter in Spanien genannt werden, gekauft hatte. Im Frühjahr 1909 siedelte die Familie endgültig nach Granada über.

Federico García Lorca war also nie mehr für längere Zeit nach Fuente Vaqueros zurückgekehrt. Sein Heimatdorf hatte ihm aber bereits alles gegeben, was für sein späteres dichterisches Leben wichtig war: ein riesiges Archiv an Kindheitserinnerungen.

»Die Jahre heute scheinen mir immer noch wie meine Kinderjahre. Die Gefühle meiner Kindheit sind in mir. Ich habe sie nie verloren«, sagte Lorca kurz vor seinem Tod. »Jeder Mensch vermag zu fühlen«, schrieb Gustavo Adolfo Béquer, ein anderer spanischer Dichter, »nur einigen Wesen ist es gegeben, das lebendige Gedächtnis von dem, was sie gefühlt haben, wie einen Schatz zu bewahren. Ich glaube, es sind die Dichter.«

»Landschaft« ist eines der vielen Gedichte Federicos, die diesem lebendigen Gedächtnis entsprungen sind:

> Der Nachmittag, aus Versehen,
> zog sich mit Kälte an.
>
> Hinter den Fensterscheiben,
> den trüben, sehn alle Kinder,
> wie in Vögel sich verwandelt
> ein gelber Baum.
>
> Der Nachmittag liegt ausgestreckt
> längsseits der Ufer des Flusses.
> Und eine Apfelröte
> zittert auf den kleinen Dächern.[1]

»Auf den Wassern von Granada rudern einsam nur die Seufzer«[2]

(1909–1915)

Die breiten Prachtstraßen, die man um die Jahrhundertwende in die alten Stadtviertel von Granada schlug, verliehen der Stadt einen modernen Anstrich, doch Granadas Leben hielt an seiner Vergangenheit fest. Der Bibarrambla-Platz im Herzen der Stadt war nach wie vor morgens bis abends voller Bauern in ihrer strengen Tracht – die Männer in schwarzen Cordanzügen, die Bäuerinnen in schwarzen Kleidern und schwarzem Kopftuch. Sie waren gekommen, um die Früchte ihrer Felder zu verkaufen oder sich mit den Erzeugnissen der Stadt zu versorgen. Die Eismacher holten wie in arabischen Zeiten mit ihren Mauleseln den Schnee von den Gipfeln der Sierra Nevada.

Im Familienalbum der Garcías sind auf den Seiten, die den ersten Jahren in Granada gewidmet waren, vor allem Bilder eingeklebt, die den heranwachsenden Federico vor dem Klavier zeigen. Seine Haare, die er inzwischen nach hinten gekämmt trug, sträubten sich noch gegen den neuen Strich, im Blick lag etwas mehr Ernsthaftigkeit, den Mund hatte er nachdenklich zusammengepreßt, und um den Hals war bereits die schwarze Künstlerschleife gebunden. In seinen Jugendjahren hielt er sich oft im Salon des Stadthauses mit seinen Ohrensesseln, Stehlampen, Kupferverzierungen und dem Klavier auf. – Hier in Granada begann eine neue Etappe im Leben des zukünftigen Dichters.

»So viel die Vega und die Stadt an Ruhigem und Majestätischem haben, so viel hat das mawreske Stadtviertel an Angst und Tragödie. Überall wird das Arabische heraufbeschworen«[3], waren die ersten Eindrücke des jungen Lorca von seiner neuen Heimatstadt. Der abrupte Bruch mit der arabischen Kultur hatte der Stadt die Seele geraubt, und man spürte, wie die melancholische Stadt noch immer den alten arabischen Zeiten nachtrauerte.

Die fast achthundertjährige arabische Zivilisation in Spanien hatte wenig mit dem aggressiven orthodoxen Islam der arabischen Welt gemein, der in anderen Ländern seinen Glauben mit Feuer und Schwert ausbreitete. Die spanischen Araber waren abtrünnige Muslime, die sich im südlichen Spanien eine neue Zivilisation nach ihrer eigenen Vorstellung aufbauten. Innerhalb weniger Generationen gelangte diese zu einer in der damaligen Zeit unvergleichlichen Hochblüte. Nicht nur, daß die neuen Bewohner durch ganz Andalusien Bewässerungsgräben nach arabischem Vorbild zogen, so einen einzigen riesigen Garten anlegten, neue Früchte und bisher unbekannte landwirtschaftliche Methoden einführten, sie widmeten sich auch den Künsten und der Wissenschaft und gründeten prachtvolle Bibliotheken. Die Bibliothek von Córdoba zum Beispiel zählte im 11. Jahrhundert 400 000 Bände. Dort wurde die griechische Philosophie ins Arabische übersetzt und gelangte über diesen Weg ins christliche Abendland – wenn auch erst sehr viel später. Doch es war vor allem die Toleranz im Denken, die diese Zivilisation auszeichnete und zugleich ihren Untergang vorbereitete. Die maurischen Eroberer stießen im südlichen Spanien auf wenig Widerstand, und so beließen sie das Vorgefundene, verfeinerten es nur. Araber, Christen und Juden lebten friedfertig miteinander, jeder mit dem Gott seiner Wahl.

Die Kultur der Christen war jedoch zu jener Zeit eine kriegerische. In fast der ganzen damals bekannten Welt führte die Kirche ihre fanatischen Kreuzzüge, und so beobachteten auch die spanischen christlichen Könige argwöhnisch ihre maurischen Widersacher. Sie warteten auf den Augenblick, in dem die maurische Zivilisation am Höhepunkt ihrer verfeinerten Kultur angelangt war und in ihren Augen Dekadenz und Schwäche zeigte. Ganz Andalusien wurde nach und nach von ihnen zurückerobert, die »Reconquista«, die »Rückeroberung«, wurde zur historischen Epoche Spaniens. Das Königreich Granada bestand am längsten. Boabdil, sein letzter Sultan, hatte es am 2. Januar 1492 kampflos den spanischen Königen Fernando und Isabel gegen deren Versprechen übergeben, der maurischen Bevölkerung ihre traditionelle Lebensweise zu belassen und ihre Zivilisation nicht zu vernichten. Kaum aber war die Übergabe vollzogen, begannen die spanischen Könige ihr Werk, aus der maurischen Stadt eine christliche zu machen. Mit der Verfolgung aller maurischen Bräuche, Sitten und religiösen Praktiken beschworen sie eine Rebellion herauf und nahmen diese zum Anlaß, das durchzuführen, was sie »drastische Maßnahmen« nannten: Ein Volk, das sieben Jahrhunderte lang das Land bewohnt und ihm seine ganze Schönheit gegeben hatte, wurde erbarmungslos vertrieben. Die ausgewiesenen Mauren betrachteten ihre Vertreibung jedoch lange Zeit nur als vorübergehenden Zustand, hofften auf eine Rückkehr in einer unbestimmten Zukunft, und angeblich bewahren nicht wenige ihrer Nachkommen den Schlüssel ihres Hauses in Granada noch heute auf.

In dem Gedicht »Kleine Ballade von den drei Flüssen« beschreibt García Lorca die traurige Vergangenheit der Stadt:

> Der Guadalquivir hat Bärte
> von der Farbe des Granates.
> Aber Klage sind und Blut
> die zwei Flüsse von Granada ...
>
> Einen Weg für Segelschiffe
> hat Sevilla. Doch Granada –
> auf den Wassern von Granada
> rudern einsam nur die Seufzer.[4]

Sevilla, das durch den Fluß Guadalquivir mit dem Meer verbunden ist, hat nach der Rückeroberung zu einem neuen Leben gefunden, aber die beiden Flüsse Granadas versickern im Landesinneren.

Die Garcías waren nach Granada gezogen, weil sie Federico das Leben in einem Internat oder in einer der vielen Pensionen der Stadt ersparen wollten, und außerdem war Don Federico jetzt reicher Landbesitzer und Aktionär der Zuckerraffinerie »El Rosario«, dem das Leben eines Bürgers mit der täglichen Zigarre im Casino der Stadt angemessen war.

Üblicherweise schickten die gutsituierten Granadiner Bürger ihre Söhne in die angesehene Schule »Colegio de los Padres Escolapios«, aber Federicos Eltern hielten nichts von einer rein christlichen Erziehung, und so wurde er in der Privatschule »Colegio del Sagrado Corazón de Jesús«, der Hl. Herz-Jesu-Schule, angemeldet. Zwar trug diese Schule einen nicht weniger frommen Namen, dahinter verbarg sich jedoch die etwas weltlichere Einrichtung von Don Joaquín Alemán, einem Cousin von Doña Vicenta.

Was in dieser Schule vorging, ist in García Lorcas Theaterstück »Doña Rosita bleibt ledig« aufgezeichnet: Unter den unglücklichen Lehrern mit ihrem äußerst bescheidenen Gehalt befindet sich auch Don Martín. Im dritten Akt des Stücks ist seine resignierte Klage zu hören: »Ich habe eben meine Theoriestunde gegeben. Es war die Hölle. Es war eine sehr schöne Lektion: ›Konzept und Definition der Harmonie‹, aber die Kinder interessieren sich für nichts.«[5]

Federico und sein Bruder Francisco verbrachten dort ihre ganze Schulzeit, Francisco als ehrgeiziger Schüler, Federico immer in der letzten Bank. »Er machte nichts anderes als zeichnen, füllte seine Hefte mit Figuren und Karikaturen – wenn auch mit sehr viel Talent«, so blieb er Don Joaquín in Erinnerung. Anfangs etwas scheu, weil er als einziger vom Land kam, ging er aber bald seine eigenen Wege, die ihn sehr oft an der Schule vorbei und hinauf zur Alhambra oder zum Albaizín, dem alten maurischen Stadtviertel führten. An Doña Vicentas ständige Mahnung »Federico, lern!« hatte sich im Hause García schon jeder gewöhnt. Auch wenn Federico diese Jahre später ganz anders sah: »Ich studierte viel ... Ich wußte viel, sehr viel. Aber in der Schule ließen sie mich gewaltig durchfallen.«

Nicht nur wegen seines Desinteresses am Unterricht war die Schule für den sensiblen Federico nicht die angemessene Umgebung. Auch mit dem derben Verhalten seiner Altersgenossen, die in der Freizeit meistens sich selbst überlassen waren, konnte er nichts anfangen, dazu war seine Persönlichkeit schon zu ausgeprägt. Er fühlte sich unter ihnen allein, und ihre lauten Späße widerten ihn an. Als Ausgleich für dieses verhaßte Umfeld bat Federico seine Eltern, ihn zum Musikunterricht gehen zu lassen.

Begabung und Leidenschaft für die Musik hatte Federico von seinem Vater geerbt, und die ersten Klavierakkorde brachte ihm dessen Bruder Luis bei. Außerdem kam Federicos Tante Isabel, die als einzige der acht Geschwister Don Federicos unverheiratet geblieben war, mit ins Haus nach Granada. Sie war eine exzellente Sängerin und begleitete sich selbst auf der Gitarre. Von ihr lernte Federico, auch mit diesem Instrument umzugehen.

Als Liebhaberin klassischer Musik zögerte Doña Vicenta nicht lange, Federicos Wunsch nachzukommen. Seine Musikbegeisterung war stark genug, um den ersten Klavierlehrer zu überstehen, der ihn mit trockenem Notenlernen und Etudenspielen langweilte. Bald jedoch kam Federico zu Don Antonio Segura, der einen starken Einfluß auf Federicos künstlerische Entwicklung ausübte.

Don Antonios Temperament entsprach in vielen Dingen dem Federicos. Er war ein Romantiker, ein Träumer, mit einer tiefen Leidenschaft für die Musik. Als Komponist war er zwar gescheitert, seine Opern wurden nie aufgeführt, aber er erkannte die außergewöhnliche Begabung Federicos sofort und träumte vielleicht davon, durch ihn eine Entschädigung für seinen eigenen künstlerischen Mißerfolg zu erhalten. Jedenfalls begrenzte sich sein Unterricht nicht auf die reine Vermittlung von Technik und Harmonielehre, sondern er schloß alles mit ein, was Federico weiterhin Anreiz und Impuls geben konnte. Er

erzählte ihm vom Leben großer Künstler seiner Zeit, als Don Antonio
selbst noch Hoffnungen hatte, einer zu werden, und drängte ihn, den
Glauben an sich selbst zu finden und zu bewahren. »Wenn ich die Wolken nicht erreicht habe, heißt das nicht, daß es die Wolken nicht gibt«,
pflegte er zu Federico zu sagen.

Don Antonio war es auch, der Federicos erste kreative Versuche för-
derte. Wenn der ihm schüchtern seine eigenen Kompositionen vor-
spielte, korrigierte sie der Maestro ermunternd: »So ... so muß man
anfangen, mein kleiner Freund.« Kein Wunder, daß sich zwischen Don
Antonio und Federico eine innige Freundschaft entwickelte. Wenn
Federico dann seine tägliche Klavierstunde hinter sich hatte, gelang es
ihm besser, das eher traurige Schauspiel der Schule zu ertragen. Und
mit dem Künstlerhut auf dem Kopf spazierte er mit seinem Freund
Manolo Ángeles, dem späteren Maler, wie ein junger Bohemien durch
die Straßen.

»Eines Tages fing ich an zu schreiben«
(1915–1919)

In einer unauffälligen Ecke der Stadt lag das Café Alameda, das von den unterschiedlichsten Leuten besucht wurde. Tagsüber trieben sich die rauhen Burschen der nahen Schlachthäuser und Fischmärkte darin herum, gegen Abend füllte es sich mit den Sängern und Musikern der in der Umgebung liegenden Musik-Cafés und dem Publikum des Cervantes-Theaters. In der hintersten Ecke des Cafés saß Federico und trug den überraschten Freunden einige seiner Gedichte vor. Bisher hatte er bei ihnen als der Musiker gegolten, von dem jeder annahm, daß er selbstverständlich Pianist werden würde. Nun wollten sie alle die Gedichte in seinem Schreibheft sehen und verlangten Abschriften davon. Federico führte seine Notizen zwar immer bei sich, hütete sie aber standhaft vor fremden Blicken. Seine Gedichte seien zum Vortrag bestimmt, sagte er, nicht zum Lesen. Federico rezitierte sie auch mit außergewöhnlicher Ausdruckskraft und wurde dabei selbst zum Teil des Gedichts. Einst hatte er Messen gelesen oder Theater gespielt und so sein treues Publikum von Fuente Vaqueros um sich geschart, jetzt ersetzte er die Messen mit seiner Poesie und die Dorfjugend und Dienstboten mit seinen Freunden vom Café Alameda.

Zunächst jedoch war Federico noch immer der Musiker, hatte gerade das Gymnasium – wenn auch mit einigen Nachprüfungen – hinter sich gebracht und hätte sich am liebsten ausschließlich der Musik gewidmet, um Konzertpianist zu werden. Aber Don Federico wollte einen Rechtsanwalt aus ihm machen: »Musiker ist kein Beruf.«

Für die Söhne der spanischen Bürgerfamilien war das Studium der Rechtswissenschaft eine fast obligatorische Sache, ein Sprungbrett für jede Art von Karriere, und auch viele spanische Literaten hatten zunächst ein solches Studium hinter sich gebracht. Doch wenn Federico sich schon der unausweichlichen Notwendigkeit einer akademischen Karriere beugen mußte, dann sollte es seinem Wunsch nach ein Philosophie- und Literaturstudium sein. Nach langem Überlegen entschied er sich zu einem Kompromiß und schrieb sich an der philosophischen und der juristischen Fakultät ein. Fast noch schwerer als in der Schule fiel es ihm jedoch, sich das Kathederwissen der Universitätsadvokaten anzueignen, und obwohl das Studium in Philosophie und Literatur seinen Neigungen eigentlich hätte mehr entsprechen müssen, waren seine Ergebnisse auch hier nicht gerade brillant. Die abstrakte Denkweise der Philosophen und Literaturwissenschaftler blieb ihm fremd. »Die Universität war eine trockene Angelegenheit, aber ich war dort sehr beliebt, weil ich allen Lehrern treffende Spitznamen geben konnte.«

Unter den Universitätsprofessoren waren jedoch zwei Persönlichkeiten, die auf die geistige Entwicklung Federicos bedeutenden Einfluß nahmen. Einer war Fernando de los Ríos, Professor für politisches Recht an der Universität, der auf Federico aufmerksam wurde, als er ihn eines Tages im *Centro Artístico y Literario*, dem einzigen offiziellen Kulturforum der Stadt, Klavier spielen hörte. Von diesem Augenblick an wurde der Beethovenliebhaber zum geistigen Mentor Federicos.

Fernando de los Ríos war wie Federicos erster Lehrer sehr stark von den Ideen der Institución Libre de la Enseñanza beeinflußt, die eine geistige und moralische Erneuerung Spaniens anstrebte. Er war außerdem ein leidenschaftlicher Kämpfer für eine humane sozialistische Republik in Spanien, antiklerikal und liberal. Es dauerte auch nicht lange, bis er zum bevorzugten Ziel des Hasses der katholischen und monarchistischen Konservativen Granadas wurde.

Martín Domínguez Berrueta, Professor für Literatur und Kunst, war der andere Mensch, der Federico in dieser Zeit prägte, auch er mit dem geistigen Hintergrund der Institución Libre, auch er liberal und mit einer ablehnenden Haltung gegenüber der Kirche. Berrueta verstand es, eine enge persönliche Beziehung zu seinen Studenten herzustellen und in ihnen die Begeisterung für die Kunst zu erwecken.

Federicos Weg durch die langen Gänge der Universität führte ihn meist vorbei an den Hörsälen, in denen römisches Recht oder Geschichte der spanischen Literatur gelehrt wurde. Noch weniger zog es ihn an die Billardtische der gegenüberliegenden Cafés, in denen sich die anderen Studenten ihre Langeweile vertrieben. Er flüchtete sich vielmehr in die Bibliothek, wo er endlose Stunden damit verbrachte, die spanischen Klassiker zu lesen, sich mit dem alten Bibliothekar zu unterhalten, gemeinsam mit ihm das eine oder andere kuriose Buch zu studieren und das Gelesene zu kommentieren.

Am Scheideweg für Federicos Zukunft – sein Wunsch, eine berufliche Karriere als Musiker einzuschlagen, war immer noch lebendig – starb im Mai 1916 sein von ihm so verehrter Musiklehrer Don Antonio. Einige Jahre später schrieb Lorca dazu in einer »Autobiographischen

Notiz«: »Weil seine Eltern ihm nicht erlaubten, zur Fortführung seiner Studien nach Paris zu übersiedeln, und weil sein Musiklehrer starb, richtete García Lorca seinen (dramatischen) pathetischen Schöpferdrang auf die Dichtung.«[6] Doch was im nachhinein wie ein fester und bewußter Entschluß aussieht, Poet zu werden, war in Wirklichkeit ein schwerer innerer Kampf.

Gerade zu diesem Zeitpunkt, nur zwei Wochen nach Don Antonios Tod, schloß sich Federico einer der schon zur Tradition gewordenen Kunst- und Literaturstudienreisen seines Professors an, einer sogenannten »Ruta literaria«. Zweimal im Jahr führte so Don Berrueta eine Auswahl von Studenten auf literarische und kunsthistorische Reisen durch verschiedene Regionen Spaniens.

Die kleine Ausflugsgesellschaft besichtigte Städte und Landschaften, architektonische Kunstwerke, Museen oder Klöster, und überall, wo sie haltmachte, fanden feierliche Empfänge im Rathaus statt, Besuche bei geistigen Größen des Ortes, literarische oder sonstige künstlerische Veranstaltungen in einem Theater oder Kulturzentrum. Die Studenten hatten jeweils einen Essay oder ein Gedicht zum Vortrag vorbereitet, und die geistreiche Vorlesung, die Berrueta bei solchen Anlässen jedesmal hielt, kannten die Studenten schon bald auswendig.

Federico jedoch gab Konzerte, die stets mit viel Beifall bedacht wurden. So berichtete der »Diario de Avila«, die lokale Presse von Avila, über Federicos Auftritt im dortigen Kulturzentrum: »Als Abschluß der Veranstaltung spielte der Musiker, wie ihn seine Kameraden nennen, auf dem Piano meisterhaft ein Gedicht mit dem Titel ›El Albayzín‹, eine eigene Komposition, ein von der Technik klassisches und im Ausdruck an die andalusischen Weisen angelehntes Werk. Eine große Leistung des Señor Lorca, in der Aufgabe der Neubelebung der andalusischen Musik ein würdiger Nachfolger von Albeniz.« Wenn kein Klavier zur Verfügung stand, blieb Federico solchen Veranstaltungen meist fern. Er zog es dann vor, in seinem Pensionszimmer die Eindrücke des Tages zu notieren.

Nur wenigen jungen Spaniern war in jener Zeit die Möglichkeit geboten, mit den verschiedenen Seiten ihres Landes in Kontakt zu kommen. Der gewaltige Kontrast zwischen dem farbigen Andalusien und dem nüchternen, melancholischen Kastilien beispielsweise liegt nicht nur in der Unterschiedlichkeit ihrer Kunstwerke und Traditionen, sondern in der Lebensweise der Menschen selbst. Fasziniert von der Vielfältigkeit des spanischen Lebens, notierte sich der junge Reisende seine Eindrücke von Landschaften, Städten und ihren Bewohnern. Längst war er inspiriert von Azorín und Ortega y Gasset, die in ihren Büchern die spanische Landschaft auf so persönliche Art und Weise interpretiert hatten. Dabei entstand Federicos erstes Buch »Eindrücke und Landschaften«.

Es ist ein sehr jugendliches Werk. Die tiefen Empfindungen eines Achtzehnjährigen, der noch nicht ahnt, daß er ein großer Dichter werden wird, macht es liebenswert. Sein Ton ist romantisch, und die Vorbilder sind unschwer zu erkennen, aber es zeigt den echten Dichter in seiner Werdephase, und es enthält nicht wenige von García Lorcas wichtigsten Themen, die er später in seinen Werken immer wieder und in vollendeterer Form ausführte. Seine Art, die Landschaft zu sehen, die Fähigkeit, wie mit einem einzigen Pinselstrich die wesentlichen Züge von Dingen und Personen zu zeichnen, ließen sein Talent, aber vor allem extreme Sensibilität gegenüber den Menschen erkennen.

In einem Kloster, das Berrueta und seine Gruppe besuchten, unterhielt sich Federico mit dem Organisten der Klosterkapelle.

Als Federico den Namen Beethoven erwähnte, hörte der Mönch diesen unsterblichen Namen zum erstenmal in seinem Leben, denn er war schon als Junge ins Kloster gekommen, hatte es seitdem nicht wieder verlassen und kannte außer dem Gregorianischen Gesang keine andere Art von Musik. Federico kam Beethovens »Allegretto der 7. Sinfonie« in den Sinn, »dieses Werk des übermenschlichen Schmerzes, der Klage der pathetischen Liebe«, er setzte sich an die Orgel und begann zu spielen. Dem Mönch wich schon bei den ersten Takten die Farbe aus dem Gesicht. »Spielen Sie weiter, spielen Sie weiter!« forderte er. Auf die Frage, ob ihm die Musik gefallen habe, antwortete der Mönch erregt: »Mehr als Sie sich vorstellen können, aber ich wende mich von ihr ab, weil sie mich verroht. Sie ist die Wollust selbst . . . Ich gebe Ihnen einen Rat . . . geben Sie sie auf, wenn Sie nicht ein unheilvolles Leben führen wollen.«

Während seine Kameraden von der Historie der Klöster fasziniert waren, interessierte sich Federico vor allem für die Motive eines Lebens hinter den Klostermauern. Das Kloster erschien ihm wie »ein riesiges kaltes Herz, das in seinem Schoß die Seelen hütet, die vor den Todsünden geflohen sind«. Für ihn war dieses gottgeweihte Leben alles andere als christlich, »die Buße ist unnötig, ist etwas sehr Egoistisches und voller Kälte. Mit dem Gebet findet sich niemand, genausowenig wie sich niemand mit der Kasteiung findet.« Federico empfand Mitleid mit diesen Mönchen, die Zeit ihres Lebens im eigenen Grab lebten, wo doch die »Seele das Verlangen nach Liebe spürt, wie verrückt zu lieben, und den Wunsch nach einer anderen Seele, die mit der unseren verschmilzt …, das Verlangen zu schreiben, zu weinen; man möchte diesen Unglücklichen, die in ihren Zellen meditieren, zurufen, daß es eine Sonne gibt und den Mond und Frauen und Musik …«

Es war die Verneinung des Lebens, die den jungen Autor am Klosterleben am meisten beunruhigte. Die Stille und die Einsamkeit mußten wie »gewaltige Aphrodisiaka« wirken, während die frommen Regeln den Mönchen die Monotonie des Gebets und des Gregorianischen Gesangs befahlen. Was Federico an diesem Leben so tief bewegte, war die erotische Unmöglichkeit, eines der Hauptthemen seines ganzen Lebenswerkes.

Ganz anders als bei seinen späteren Werken wollte Federico dieses Manuskript, das er in aller Heimlichkeit ausgearbeitet hatte, möglichst schnell als Buch veröffentlichen. Es fand sich auch ein Verleger dazu bereit, allerdings unter der Bedingung, daß der Autor die Kosten selbst übernehme. Don Federico, überrascht von den neuen Ambitionen seines Sohnes, war zunächst unentschlossen, ob er ihm dieses Unternehmen finanzieren sollte, denn er wollte nicht, daß »wegen des Buches sich alle Idioten Granadas über Federico lustig machen«. Seine Bedenken wurden von Federicos Freunden zerstreut, und im Frühjahr 1918 stand das Buch in den Regalen der Buchhandlungen. Doch nicht sehr lange. Das Buch wurde kein Verkaufserfolg. Bald stapelten sich die nichtverkauften Exemplare im Speicher des elterlichen Hauses. Unter den Kameraden der Universität und im Café Alameda galt Federico jedoch von nun an als der »Autor eines Buches«.

Die Runde im Café wurde zur festen Einrichtung einer an Kunst und Literatur interessierten Gruppe mit dem schlichten Namen »Rinconcillo«, die »kleine Ecke«, weil sie sich im hintersten Winkel des Cafés traf. Es waren junge Leute, denen das »Centro Artístico y Literario« bereits zu »verbürgerlicht« war, in dem sie ihren Überschwang nicht loswerden konnten. Das »Rinconcillo« verstand sich nicht als reformerische Elite, als Weltverbesserer, sondern ganz einfach als eine Einrichtung, für die man sich nicht einzuschreiben brauchte, für die es keine feste Mitgliedschaft gab, in der man sich traf, einfach um zu reden, Gedanken und geistige Unruhe loszuwerden, sich über den Alltagsüberdruß hinwegzutrösten, sich gegenseitig Impulse zu geben, Erfahrungen und Bücher auszutauschen. Nie hatte dort jemand versucht, eine Führerrolle zu übernehmen, was die anderen auch nicht geduldet hätten. Es war zu einem gemeinsamen Unternehmen geworden, reicher und fruchtbarer als die Universität, an der alle »Rinconcillistas« mit wenig Begeisterung studierten. Und die Gäste des Cafés Alameda blickten mit Respekt und Sympathie auf die vielversprechenden jungen Intellektuellen.

In ihren Reihen befanden sich einige äußerst pittoreske Gestalten, allen voran der exzentrische Francisco Soriano Lapresa mit »dem müden Flair eines Dandys oder eines Buddhas mit Krawatte« (er litt unter Fettsucht), eine Art granadinischer Oscar Wilde und stets ein Stadtgespräch. Paquito, die Rufform von Francisco, war ein intimer Kenner der spanischen und arabischen Kultur und hatte von seiner Familie eine umfangreiche Bibliothek geerbt, derer sich alle »Rinconcillistas« jederzeit bedienen konnten. Oder da war Melchor Fernández Almagro, Experte für lokale Geschichte, für den es keinen Winkel der Provinz gab, dessen Historie er nicht kannte. Melchorete, wie ihn Federico zu nennen pflegte, war der erste, der nach Madrid ging, dem Ziel jedes jungen Provinzlers, wo er zum »Generalkonsul des Rinconcillo in Madrid« ernannt wurde.

Es gab keinen Granadiner Künstler dieser Epoche, der nicht ständiges oder vorübergehendes Mitglied des »Rinconcillo« gewesen wäre. Neben dem festen Kreis fanden viele Durchreisende den Weg ins Café Alameda, so z. B. der Pianist Rubinstein, der englische Schriftsteller Rudyard Kipling, des öfteren auch Fernando de los Rios und der in Granada lebende Komponist Manuel de Falla. Alle waren sie um einige Jahre älter als Federico und konnten ihm am Beginn seiner künstlerischen Entwicklung Impulse und Selbstbewußtsein vermitteln.

Amargo oder die Bitterkeit

Seine Freunde und seine Familie kannten vor allem den verspielten Federico, voller Humor, lebensfroh, jemand, der sehr leicht Freunde gewann. Aber den Schatten hinter seinem offenen Lachen konnten nur wenige wahrnehmen, nur die, die ihm sehr nahe standen.

»Wer ihn nur als bunten Vogel durch die Welt spazieren sah, kannte ihn nicht. Er besaß ein leidenschaftliches Herz wie nur wenige, und seine Fähigkeit zur Liebe und zum Leiden adelte diese noble Stirn von Tag zu Tag mehr«, so charakterisierte Vicente Aleixandre, der Dichterfreund, Federico kurz nach seinem Tode.

Bereits in seinen ersten Gedichten, die er noch mit kindlicher Unbefangenheit niedergeschrieben hatte, kam die bittere Seite seines Wesens zum Vorschein:

> Mein Herz ist ein Schmetterling
> unschuldige Kinder auf der Wiese
> welch Fänge der grauen Spinne der Zeit
> hat der fatale Blütenstaub der Enttäuschung.

Als Kind war Federico fasziniert gewesen von allem Lebendigen um sich herum. Sein Drang, die Welt zu entdecken, war unstillbar gewesen, und so war er voller Phantasie und Neugier in die kleinen Wunder der Natur eingetaucht, die ihm bald vertraut waren. Als Neunzehnjähriger stand Federico nun dem Rätsel des Lebens gegenüber, einem Leben, das nicht nur Vergnügen, sondern auch Schmerz beinhaltete. Immer mehr wurde er zu der Erkenntnis gezwungen, daß er den Zauber seiner glücklichen Kindheit gegen das Leben in einer egoistischen und harten Gesellschaft verteidigen mußte. Er fand großen Geschmack am Leben wie an einer wunderbaren Frucht, aber die Frucht war wurmstichig. Bei einem Menschen wie Federico mußte sich dieser innere Zwiespalt in Poesie verwandeln.

Die Überfülle von Gedichten, die er zwischen 1917 und 1919 produzierte, für ihn eine Art intimes Tagebuch, war voller Leidenschaft, aber auch Trauer und Melancholie. Der größte Teil wurde bis heute noch nicht veröffentlicht, einige wenige tauchen in seinem Bändchen »Gedichtbuch« vom Jahre 1921 auf. Er schrieb diese Gedichte in aller

Heimlichkeit, nur sein Bruder Francisco wußte davon: »Er füllte unzählige Schreibhefte; eine unaufhörliche Beschäftigung, die ihn meist erst im Morgengrauen losließ.«

Mit dem Protest gegen das isolierte Klosterleben der Mönche hatte Federico das Unbehagen gegen den Gott der katholischen Kirche schon angedeutet, in seinen Jugendgedichten wurde der Protest zur Rebellion: »Schäme Dich Deines Werkes, das Du einfach so vollbracht hast. Schäme Dich dafür, daß Du uns ohne jeden Grund soviel Leiden aufgebürdet hast.« Er protestierte gegen die Ungerechtigkeit, die dieser grausame Gott in die Welt gesetzt hatte: »Wir müssen mit unserem Protest die natürliche Ordnung der Dinge umkehren, uns gegenseitig verzeihen und mutige Herzen schaffen, um gegen die Bestrafung zu kämpfen.«

Für einen jugendlichen Rebellen lag in einer spanischen Kleinstadt natürlich nichts näher, als die katholische Kirche mit ihrer heuchlerischen Orthodoxie anzugreifen. Gerade in Granada, wo die jahrhundertealte arabische Kultur so abrupt ausgetilgt und die christliche mit so viel Gewalt und Intoleranz aufgezwungen worden war, hatte der Katholizismus besonders rigide Formen angenommen. Für Federico war die Geschichte der Kirche alles andere als christlich; in fast allen Amtsträgern erblickte er nichts als verkommene Gestalten, »elende Politiker des Bösen«, verantwortlich für Militarismus und Patriotismus.

In den Jahren 1914 bis 1918 waren täglich fürchterliche Nachrichten vom Ersten Weltkrieg in den Zeitungen zu lesen und patriotische Phrasen, mit denen man die leicht zu beeindruckenden Jugendlichen zu umschmeicheln versuchte. Patriotismus war für Federico unvereinbar mit Nächstenliebe, und er konnte in ihm nichts anderes finden als »eines der größten Verbrechen gegen die Menschlichkeit; denn seinem verwesten Schoß entwachsen nur die Monster des Krieges.«

So unerbittlich Federico gegenüber Gott war, so sehr verehrte er Jesus, »den romantischen Wallfahrer Gottes«, der von den Politikern des Bösen getötet worden war. In einem kleinen dramatischen Werk »Christus. Religiöse Tragödie« identifizierte er sich völlig mit dieser Figur. Jesus ist in diesem Drama wie García Lorca zu diesem Zeitpunkt neunzehn Jahre alt. Als Kind »bewegte er sich sehr langsam, einer Ameise folgend«, und der Hl. Josef will genauso wie Don Federico, daß sein Sohn einen richtigen Beruf lernt: »Unser Jesus ist nicht für die Arbeit geboren, von der ich gelebt habe. Er ist für die Studien geboren, um Doktor zu werden und die heiligen Schriften zu erklären.« Jesus, wie Federico, verbringt viele Stunden im Gespräch mit den verschiedensten Leuten, und oft muß die Familie ihn suchen. Esther liebt Jesus leidenschaftlich, jedoch Jesus kann ihre Liebe nicht erwidern. Die Tragödie erreicht ihren Höhepunkt, als Jesus seiner Mutter gesteht, daß er nicht in der Lage ist, der Liebe Esthers zu entsprechen, wie er möchte: »... alle Sterne, die man sieht und die man nicht sieht, fielen auf mich und durchbohrten mit ihren Dolchen aus Licht den Leib und die Seele und entfachten mit Tollheit dieses Herz wie aus Feuer, ließen mir den Leib kalt werden und hart wie Schnee auf den Berggipfeln.« Die unmögliche Liebe, die Enttäuschung spricht aus diesen Zeilen. Jesu Mutter leidet mit dem Sohn: »Mein Gott, befreit meinen Sohn von dieser unendlichen Bitterkeit in seinem Herzen!« Vielleicht dachte Federico dabei an seine eigene Mutter, der nicht verborgen bleiben konnte, daß ihr ältester Sohn in seinem Innersten sehr einsam war.

»Als ich acht Jahre alt war, kam einmal ein Bursche, als ich zu Hause spielte, der haßerfüllt um sich blickte, ausspuckte und fortging. Eine Stimme rief ihn: ›Amargo, komm!‹ Und er ging. Seitdem war ›Amargo‹ für mich eine Zwangsvorstellung, und ich weiß nicht einmal mehr, ob er wirklich existiert hat.«[7]

Amargo, Bitterkeit zu deutsch – viele von Federicos literarischen Gestalten tragen diesen Namen. Es sind unterschiedliche Personen in unterschiedlichen Werken, aber es ist immer dieselbe Bitterkeit. In dem kleinen szenischen Gedicht »Amargos Zwiegespräch« befindet sich Amargo auf dem nächtlichen Weg nach Granada, als sich ein in Schwarz gehüllter Reiter nähert: »Nur zu, steig auf! ... Wir müssen vor Morgenanbruch da sein ... Willst du ein Messer? ... Ich schenke es dir sogar ... Die anderen Messer taugen nicht. Die anderen Messer sind weich und erschrecken vor dem Blut. Unsere, die wir verkaufen, sind kalt. Verstehst du? Sie dringen ein, auf der Suche nach dem wärmsten Ort, und da machen sie halt.«[8] Amargo fühlt sich vom Reiter angezogen, und zugleich spürt er eine tiefe Angst. Miteinander sprechend gehen sie lange nebeneinander her, und schließlich steigt Amargo aufs Pferd. Als ob der Reiter mit seiner unheilbringenden Anziehungskraft Lorca nie von der Seite gewichen wäre, begleitete ihn diese Bitterkeit sein ganzes Leben.

Seine Ängste verheimlichte Federico nicht; so in einem Brief an den Dichter Adriano del Valle vom Frühjahr 1918: »Ich bin ein armer Kerl, leidenschaftlich und schweigsam, der fast wie der wunderbare Verlaine eine Lilie in sich trägt, die er nicht wässern kann, und ich zeige den oberflächlichen Augen, die mich ansehen, eine tiefrote Rose mit der sexuellen Färbung einer Pfingstrose. Doch das ist nicht mein wahres Herz ... Mein Typ und meine Verse geben den Eindruck von etwas Wunderbarem, Leidenschaftlichem ... und trotzdem, tief in meiner Seele steckt ein großer Wunsch, ganz Kind zu sein, arm und verborgen. Ich sehe vor mir viele Probleme, viele Augen, die mich gefangennehmen, viel Unruhe in der Schlacht zwischen Kopf und Herz, und mein ganzes Empfinden drängt in einen goldenen Garten, und ich bemühe mich, weil mir Marionetten aus Pappe gefallen, und manchmal schlage ich auf dem Boden Purzelbäume beim Spielen mit meiner kleinen Schwester (sie ist meine Freude) ..., aber das Gespenst, das in uns wohnt und uns haßt, schiebt mich auf den Weg ... Ich bin im ganzen ein guter Kerl, der allen sein Herz öffnet.« Und er öffnet allen sein Herz, doch nur zum Teil, denn über das Wesen und den Grund seines inneren Kampfes bewahrt er Schweigen.

Etwa ein Jahr später kam Federico vollkommen aufgeregt zu seinem Freund Manolo Ángeles Ortiz. Er brauchte lange, bis er seine Nervosität überwunden hatte und reden konnte: »Ich habe gerade erfahren, daß Paquito Soriano herumerzählt, ich sei homosexuell.« Damit sprach er etwas an, was in vielen seiner frühen Gedichte schon angedeutet war:

> Ay! meine tragische Hochzeit
> ohne Braut und ohne Altar!
> Ay! traurige Hochzeit meines Geistes
> Hochzeit aus Schnee und grauer Leidenschaft.

Es war kein Wunder, daß Lorca des Geredes wegen nervös wurde. Als er begann, seine »Anormalität« oder, wie er es später einmal in einem Brief ausdrückte, die »drückende Tragödie der Physiologie« in sich selbst zu entdecken, war natürlich seine größte Sorge, dies vor seinen Eltern zu verbergen, ebenso vor Persönlichkeiten, denen er größten Respekt entgegenbrachte, wie Fernando de los Ríos oder dem gestrengen und schlichten Manuel de Falla. Homosexualität war im Spanien der zwanziger Jahre etwas, das auf unerbittliche Intoleranz stieß. Für nicht wenige war die Tatsache, daß ein Mann sensible Verse dichtete, schon Grund genug, ihn als *maricón*, als Schwulen, zu beschimpfen.

Gesicht mit Pfeilen

Und noch bis in jüngste Zeiten stempelte man Männer allzuleicht als weibisch ab, die zum Beispiel Sevillanas tanzten, Tänze mit sehr graziösen Bewegungen und sinnlicher Ausstrahlung.

Der heranwachsende Lorca hatte Komplexe wegen seines Aussehens und das Gefühl, für Frauen nicht akzeptabel zu sein. Und nach dem Zeugnis eines Lehrers der ersten Granadiner Schuljahre war Federico von einigen Schulkameraden mit »Federica« gehänselt worden, und sie hatten sich geweigert, mit ihm zu spielen, weil er ihnen zu mädchenhaft erschienen war.

In der Zeit, in der Federicos Jugendgedichte entstanden, war er in die schöne, um einige Jahre ältere Maria Luisa Egea verliebt. Sie war die Tochter einer befreundeten Familie und kam des öfteren in das Haus der Garcías, wo sie mit Federico Klavier spielte. Vermutlich gestand er ihr nie seine Zuneigung, und Maria Luisa schien seine heimliche Liebe weder erraten noch erwidert zu haben. Im Brief an einen Freund jedoch bekannte er seine Liebesenttäuschung und bezeichnete Maria

Luisa als »kalte Frau«. Vielleicht hatte er aus dieser Enttäuschung die Überzeugung der endgültig verlorenen Liebe gewonnen. Die im Tod endende, verhinderte Liebe wurde in seinem Werk zu einem beständigen Thema:

> Auf deinem Körper waren Rosen
> und in deinen Augen der Tod.

Den größeren Teil seines Lebens versuchte Lorca gegen seine Neigungen anzukämpfen. Seine Tragik war es, daß ihm bei all seiner Leidenschaft die »Rosen« des Weiblichen verschlossen blieben und er gleichzeitig die unfruchtbare homosexuelle Liebe als emotional enttäuschend und unbefriedigend empfand. Sein Drama »Yerma«, die Geschichte einer unfruchtbaren Ehe, endet im Tod. Der Ehemann stirbt von Yermas Hand, deren Körper nach der weiblichen Erfüllung schreit. Stets mußte Lorca dafür kämpfen, seine unvollkommene Wirklichkeit zu akzeptieren.

> Liebe, du meine Feindin,
> zerbeiß deine bittere Wurzel![9]

Aber hätte Lorca nicht so viel kämpfen müssen, zuerst gegen seine Krankheit, dann für die eigene Akzeptierung seiner Homosexualität, vielleicht wäre er nicht zu dem lachenden und zugleich mitfühlenden Menschen geworden. »Der Optimismus ist den Seelen zu eigen, die nur eine Dimension haben, denen, die nicht die Tränenflut sehen, die uns rings umgibt, hervorgerufen von den Dingen, denen abzuhelfen ist«[10], sagte er einmal. Sein strahlender Optimismus, sein herzliches, lautes Lachen, seine kindliche Fröhlichkeit waren eine Dimension. Aber die andere bestand aus Angst, Leiden und im Grunde seines Herzens Einsamkeit. Aber eine »großzügige Einsamkeit«, wie es Vicente Aleixandre nannte, »denn die Wahrnehmung des Dichters ist der Ausdruck aller Menschen«. Wäre er nicht auch gegenüber den menschlichen Leiden sensibel gewesen, hätte er die Leiden Yermas, Doña Rositas oder Soledad Montoyas nicht so eindringlich schildern können.

Nur wenige haben die Vielschichtigkeit seiner Person so treffend dargestellt wie Vicente Aleixandre: »Er liebte sehr, eine Eigenschaft, die ihm oberflächliche Menschen absprachen. Und er litt aus Liebe, was wahrscheinlich niemand wußte. Ich werde mich immer an eine Lesung erinnern, die er mir von seinem letzten und unvollendet gebliebenen lyrischen Werk kurz vor seiner Abreise nach Granada machte. Er las mir aus seinen ›Sonetten der dunklen Liebe‹ vor, wundervoll in ihrer Leidenschaft, Begeisterung und Glück, ein reines und bewegendes Denkmal der Liebe ... Selbst so überrascht, blieb mir nichts anderes, als ihn anzusehen und auszurufen: ›Federico, was für ein Herz! Wie sehr mußte es lieben, wie sehr leiden!‹ Er schaute mich an und lächelte wie ein Kind.«

Der Troubadour

(1919–1922)

Es herrschte hektische Unruhe im Madrid der beginnenden zwanziger Jahre. Der erste Weltkrieg war gerade beendet, aber die Nachwirkungen dieses Krieges waren noch lange zu spüren. Vom Rhein bis zum Ural setzten sich gewaltige politische und soziale Umwandlungen in Gang. Die erfolgreiche Revolution in Rußland vom Oktober 1917 wurde in vielen Ländern zum Symbol der Hoffnung auf eine menschliche und gerechte Gesellschaft. Zwar hatte sich Spanien glücklicherweise nicht am Krieg beteiligt, aber auch an Madrid zogen diese neuen Entwicklungen nicht vorbei. Demonstrationen in den Straßen, politische Versammlungen mit feurigen Reden, Zusammenstöße mit der Polizei gehörten jahrelang zum Alltag. Der revolutionäre Generalstreik von 1917 wurde zwar niedergeschlagen, aber noch immer hielt er das Land in Atem. Die Arbeiter in den Städten organisierten sich besser, stellten hartnäckiger und selbstbewußter ihre Forderungen und verliehen diesen mit der Anwendung von Gewalt Nachdruck. Auf dem Land versuchten die Bauern, durch Landbesetzungen den Großgrundbesitzern so viel Land abzutrotzen, wie sie brauchten, um nicht zu verhungern. Gefechte mit der Guardia Civil waren jedesmal das unvermeidliche Ende solcher Aktionen. Der spanische König aber war ein eitler junger Mann, der mehr um sein persönliches Prestige und seine Macht besorgt war als um die dringlichsten Probleme des Landes.

Aber Madrid wäre nicht Madrid, die lebensfrohe Metropole Spaniens, wenn sie darüber ihr überschäumendes gesellschaftliches Leben vergessen hätte. Nichts hielt die Madrider von ihrem abendlichen *paseo*, dem Spaziergang im Stadtviertel, ab. Das quirlige Treiben auf der eleganten Gran Via oder an der Puerta del Sol im Herzen der Stadt überließ die Stadt meist erst lange nach Mitternacht der nächtlichen Ruhe. In den traditionsreichen und eleganten Cafés saßen dann immer noch die besseren Leute zusammen, und wenn das Rattern der eisernen Rolläden am Eingang der Tavernen, wo die Künstler und Bohemiens sich ihre kalten Knochen aufwärmten, zum letzten Mal zu hören war, leuchtete bereits das erste schwache Sonnenlicht zwischen den Häusern hindurch.

In dieses Madrid reiste im Frühjahr 1919 Federico García Lorca, im Reisegepäck viele neue Anzüge, ein Exemplar von »Eindrücke und

Landschaften«, einige Empfehlungsschreiben und den Kopf voller dichterischer Vorhaben. Er war der kleinstädtischen Enge Granadas entflohen, um sich in der *Capital* die Provinzhaut abzustreifen und sich in das dichterische Leben der Hauptstadt zu stürzen, das sich gerade mit so viel Elan entfaltete. Nach Paris oder Italien ließen ihn die Eltern nicht ziehen, aber für die Fortsetzung seiner Studien in Madrid gaben sie ihm den Segen mit auf die Reise. Außerdem hatte sich eine Vorhut seiner Freunde vom »Rinconcillo« schon vorher in Madrid niedergelassen, und sie warteten ungeduldig auf »ihren Poeten«.

»Du müßtest hierherkommen«, hatte ihm Pepe Mora aus Madrid geschrieben. »Sag es deinem Vater in meinem Namen und daß er dir einen größeren Gefallen tut, wenn er dich hierher schickt, als dich auf die Welt gebracht zu haben.«

Eine kurze Zeit verbrachte Federico in einer Pension, bevor er sich mit einem Empfehlungsschreiben von Don Fernando de los Ríos auf den Weg zur *Residencia de Estudiantes*, dem Studentenwohnheim, machte. Der Leiter Alberto Jiménez Fraud erinnerte sich vierzig Jahre später noch ganz genau daran, wie »jener junge schwarzhaarige Mann mit der breiten Stirn, den träumerischen Augen und dem strahlenden Ausdruck« zum erstenmal sein Büro betrat. Das Ergebnis dieser ersten Unterredung war, daß Federico von nun an zehn Jahre lang in diesem Haus verbrachte.

Die Residencia war ein geistiges Kind der Institución Libre, ein Studentenwohnheim nach englischem Campus-Vorbild. Fraud hatte in jahrelanger Zusammenarbeit mit Francisco Giner de los Ríos, dem Gründer der Institución Libre, die Residencia aufgebaut, wobei hinter diesem pädagogischen Abenteuer die Überzeugung steckte, daß nur eine Minderheit von gebildeten und begabten Männern und Frauen die geistige Kultur Spaniens erneuern könne. Den Studenten wurde fast jede denkbare Freiheit gewährt, ihren Studien und eigenen Ambitionen nachzugehen. Jeder durfte unbegrenzt studieren und jederzeit auch die Fächer wechseln. In dem Gymnasium, das dem Wohnheim angeschlossen war, arbeiteten die Schüler ohne Schulbücher, die Klassen waren klein, zwischen Schülern und Lehrern bestand enger Kontakt, und am Ende des Kurses waren im Lehrplan der Institución keine Prüfungen vorgesehen. Zu den Bewohnern des Wohnheims zählten zeitweise so illustre Persönlichkeiten wie Albert Einstein, Madame Curie oder Paul Valéry, die mit ihren Vorträgen den Studenten Impulse von unschätzbarem Wert gaben. In der kurzen Zeit ihrer Existenz hatte diese »Zitadelle des spanischen Humanismus'« viel Erfolg, doch wie zahlreiche andere fortschrittliche Einrichtungen sollte sie bald in den Wirren des Bürgerkriegs und der darauffolgenden Diktatur wieder untergehen. Bis zu seiner Abreise nach New York im Jahre 1929 bewohnte Federico eines der fünfzehn Zimmer der Residencia, zumindest die Wintermonate über – die Sommer gehörten Granada und der Vega.

Luis Buñuel, der zwei Jahre vor Lorca in die Residencia kam, war von Federicos Person sichtlich beeindruckt:»Federico war geistreich und charmant, sichtlich um Eleganz bemüht, mit untadeligen Krawatten, umwölkt und blitzend sein Blick. Seiner magnetischen Anziehungskraft konnte niemand widerstehen ... Durch Lorca entdeckte ich die Dichtung, vor allem die spanische, die er bewundernswert gut kannte, und auch die andere Literatur ... Er konnte wundervoll lesen. Im Umgang mit ihm veränderte ich mich langsam, eine neue Welt tat sich vor mir auf, wurde mir von ihm täglich aufs neue erschlossen.« Lorcas Zimmer wurde zum Mittelpunkt der Residencia und er selbst zu ihrer Seele.

Zu Lorcas engsten Freunden in Madrid gehörte auch Rafael Alberti, einer der wenigen heute noch lebenden Dichter aus Federicos Generation. In seiner Autobiographie schreibt er:»Sein brauner Teint spielte ins Olive, er hatte eine breite Stirn, in die ihm eine dunkle Haarsträhne hing, seine Augen leuchteten, und er hatte ein offenes Lächeln, das sich leicht in lautes Gelächter verwandeln konnte. Alles in allem sah er aus wie ein ... nicht wie ein Zigeuner, sondern eher wie ein Bauer, wie einer jener zugleich feinen und groben Männer, die die Erde Andalusiens hervorbringt ... An dem ganzen Federico war etwas Magisches, Unwiderstehliches – *duende*, das gewisse Etwas. Wie sollte man ihn je wieder vergessen, wenn man ihn einmal gesehen und gehört hatte? Sein Ansehen war damals schon sehr groß. Man wiederholte seine Gedichte, seine Aussprüche, seine zahllosen kleinen Anekdoten aus Granada – wahr die einen, erfunden die anderen – in allen Literatencafés und Studentenkreisen. Dabei waren seine wichtigsten Werke aus jenen Jahren noch gar nicht erschienen.«

Im Grunde genommen unternahm Federico in Madrid nichts anderes als vorher in Granada. Er schwänzte die Vorlesungen, verbrachte ganze Nachmittage in der Bibliothek des Ateneos, der freien Universität der Institución Libre, dichtete, spielte auf dem Piano der Residencia, atmete die befreiende Luft der intellektuellen Atmosphäre Madrids ein. Die Melancholie seiner letzten Jahre in Granada hatte er sich von der Seele geschrieben, aus seinen Gedichten verschwand allmählich der selbstmitleidige Ton, sein poetischer Geist wurde in dieser anregenden Umgebung von Tag zu Tag klarer. Er wurde zum »unverbesserlichen Dichter«, wie er sich später einmal bezeichnete. Von den Freunden des »Rinconcillo« in die Dichterwelt Madrids eingeführt, kannte Federico schnell jeden, den man kennen mußte, und der Kreis derer, die seine Verse hören wollten, erweiterte sich ständig. Das Vortragen seiner Gedichte wurde zur ausschließlichen Form ihrer Veröffentlichung.

Es blieb immer die auffallendste Eigenart García Lorcas, daß er seine Gedichte nicht drucken lassen wollte. »Ich veröffentliche nur für meine Freunde«, und veröffentlichen hieß für ihn vorlesen. Er wollte mit seinen Gedichten unmittelbar den Funken entzünden, immer die spontane Reaktion seiner Zuhörer erleben. Er versuchte ständig, den Kreis seiner Anhänger zu verändern, ein vollkommen neues Publikum zu finden, das auf die Art seiner Interpretation nicht vorbereitet war und deshalb die Wirkung auf seine Gedichte klar ausdrückte. Am anonymen Erfolg eines noch so erfolgreichen Buches war Federico nicht im geringsten interessiert, er war der Überzeugung, daß seine Gedichte die lebende Stimme brauchten: »Wenn ich Stimme sage, meine ich Gedicht. Ein Gedicht ohne Kleidung ist ebensowenig Gedicht wie unbehauener Marmor eine Statue ist.«

Bevor Gutenberg die Buchdruckkunst erfunden hatte, waren die Poeten zugleich Troubadoure, deren Kunst für die Ohren aller Zuhörer bestimmt war, nicht nur für die Bücherregale der gebildeten Leute. Die Lieder und Legenden wurden durch die Vorführkunst von Gauklern immer wieder ins Gedächtnis zurückgerufen, die Troubadoure waren gleichzeitig ihre eigenen Poeten, erfanden neue Verse im alten Rhythmus und riefen eine noch stärkere Anteilnahme ihrer Zuhörer hervor. Beide aber waren zugleich ihre eigenen Interpreten, verkörperten das, was später zum Buch wurde. Federico war ein solcher Troubadour.

Lorcas Freund, der Dichter Guillermo de Torre, beschrieb ihn so: »Federico besaß die wunderbare Kunst des modernen Gauklers – ›den letzten Sänger‹ nannten wir Freunde ihn damals. Er verlieh seiner Poesie den hundertfachen Wert, indem er sie vortrug, und jeder seiner Zuhörer wurde aufgrund seiner großartigen und sympathischen Art der Mitteilung vom Bewunderer zum leidenschaftlichen Propagandisten des Poeten. Mit einem Minimum an Schauspielerei erzielte der Dichter die besten Effekte einer lyrisch-plastischen Interpretation ... Der Mensch beeindruckte dabei ebenso oder gar noch mehr als das Werk.«

Trug Federico eine Romanze vor, war er in seinen Gesten, im Ton seiner Stimme, im Ausdruck seines Gesichts und seines Körpers die Romanze selbst. Der Dichter und Kritiker Dámaso Alonso meinte hierzu:»Es ist nicht seine Begabung als Troubadour, sondern die großartige Fähigkeit, den Zugang zu allen vitalen Kräften zu besitzen.«

Später, als viele seiner Gedichte gedruckt und in ganz Spanien verbreitet wurden, war er verzweifelt. Er glaubte, daß der Zauber, die Ausstrahlung seiner Verse nun verschwunden seien.»Ich könnte nie für das Kino arbeiten«, sagte er einmal,»ich brauche das Publikum vor mir.«

Etwas anderes war es mit dem Theater. Nach seinem ersten kurzen Aufenthalt in Madrid verbrachte Federico den Sommer 1919 wieder in Granada. Im Centro Artístico las er anläßlich einer Veranstaltung zu Ehren von Fernando de los Ríos ein Gedicht, das vom Abenteuer eines Schmetterlingsmädchens erzählt, das mit gebrochenen Flügeln in das Nest von Küchenschaben fällt. Es wird dort aufgenommen und gesund gepflegt. Der Sohn der Küchenschabe verliebt sich in das Schmetterlingsmädchen, aber als es wieder fliegen kann, erhebt es sich in die Luft und läßt den armen Liebhaber traurig zurück.

Unter den Zuhörern befand sich der Theaterbesitzer und Kritiker Martínez Sierra, der Federico dazu überredete, dieses Gedicht zu einem Theaterstück zu erweitern. Federico zögerte nicht, und bereits im März 1920 fand die erste Aufführung in Madrid statt – es folgte aber keine weitere. Mehrmals hatte man die Premiere schon verschoben, die Unsicherheit, wie das Publikum das Stück aufnehmen würde, hatte sich bei jedem Mal vergrößert. Aber alle waren sich einig gewesen, daß das Stück auf keinen Fall abgesetzt werden sollte. Die Aufführung wurde zum Desaster.

Das Stück war äußerst sorgfältig vorbereitet worden; die Kostüme, die Musik, die Dekoration, die Inszenierung waren sehr originell, aber all das konnte das durch den Anblick der »scheußlichen« Insekten schockierte Publikum nicht versöhnen. Kaum hatte sich der Vorhang gehoben, waren die ersten Anzeichen von Unruhe und Mißfallen im Publikum zu hören, und innerhalb kurzer Zeit prasselten spöttische Zwischenrufe und Gelächter auf die Schauspieler nieder, deren Texte kaum noch zu verstehen waren.

Federicos Eltern warteten gespannt auf eine Nachricht aus Madrid, und gegen Mitternacht erreichte Don Federico ein Telegramm vom Produzenten der Aufführung. Es enthielt die schlichten Worte: »Das Stück hat nicht gefallen. Wir alle halten Federico für einen großen Dichter.«

Don Federico war nach wie vor um die bürgerliche Existenz seines ältesten Sohnes besorgt. »Von Versen leben, *madre mia*«, der Dichter in seinem Sohn war ihm immer noch nicht geheuer. Im Jahr 1920 wollte Federico nach einem Sommeraufenthalt in der Vega wieder zurück nach Madrid, aber Don Federico versuchte, ihn zu überreden, zuerst sein Studium weiterzuführen: »Federico, du bist frei, du kannst gehen, wohin du willst. Ich bin überzeugt von deiner außergewöhnlichen Berufung für die Kunst, aber warum machst du mir nicht die Freude und studierst weiter, ist das zuviel verlangt? Wenn du im September einige Prüfungen ablegst, würde ich dich mit viel mehr Freude nach Madrid gehen lassen.«

Federico absolvierte seinen Eltern zuliebe tatsächlich einige Prüfungen in seinem Literaturstudium, allerdings nicht, ohne sich vorher mit seinen Prüfern abgesprochen zu haben, die ihn als Poeten bereits kannten und schätzten. Im Fach Geschichte der spanischen Sprache jedoch scheiterte er, worauf seine Freunde dem entsprechenden Professor sofort einen Brief sandten, in dem sie ihn zu seiner brillanten Tat beglückwünschten. Eines Tages werde er dafür in der Biographie eines großen Poeten erwähnt werden, dessen Werk für die spanische Sprache von viel höherer Bedeutung sein werde als er in all den Jahren seines inkompetenten Amtes. Natürlich war dies jugendliche Polemik, denn Federico war nun mal kein Student, der stundenlang die Geschichte der spanischen Grammatik pauken konnte, und dem guten Professor Eloy blieb gar nichts anderes übrig, als Federico durchfallen zu lassen. Trotzdem ließen ihn die Eltern gerne und ohne Vorbehalte wieder zurück nach Madrid.

Eigentlich war er nicht nach Madrid gegangen, um ein Buch zu veröffentlichen, wie es der Wunsch eines jeden Schriftstellers gewesen wäre. Er selbst hätte das Manuskript dazu lieber in seiner Schreibmappe gelassen und diese fest verschlossen, aber sein Freund Gabriel Maroto, Maler, Kritiker, Dichter und Besitzer einer bescheidenen Druckerei, hatte es ihm aus den Händen gerissen. Die Gedichte, die im Juli 1921 im *Libro de Poemas*, im »Gedichtbuch«, erschienen, waren eine Auswahl seiner jugendlichen Werke der Jahre 1917 bis 1920. Ein Grund für seine Zurückhaltung war wohl, daß er nur Gedichte drucken lassen wollte, die auf dem Höhepunkt seiner Kunst entstanden waren, die er für perfekt hielt. Denn zum Zeitpunkt ihres Erscheinens arbeitete Federico längst an Gedichten, in denen er sich von seinem jugendlichen Stil entfernt hatte, bereits auf dem Weg zu seiner eigenen poetischen Stimme.

Das »Gedichtbuch«, das Lorca seinem Bruder Paquito widmete, war ein sehr persönliches Abbild von Federicos Innenleben jener Jahre. »In diesem Buch lege ich meinen ganzen jugendlichen und quälenden Drang und maßlosen Eifer dar, das genaue Bild meiner Tage, die den jetzigen Augenblick mit meiner eigenen kürzlichen Kindheit verbinden«, schrieb er im Vorwort. Im wesentlichen war das »Gedichtbuch« die ungestüme Suche nach seiner Person, als Mensch wie als Dichter. Seine Themen sind die Liebe, meist die enttäuschte Liebe, Tod, Sehnsucht nach der verloren geglaubten Kindheit, Natur, die Existenz als Dichter, der Wunsch, die Welt der Kindheit mit in die nächste Stufe des Lebens zu retten, der Kampf gegen die Sekunden, die uns dem Alter und dem Tod näher bringen.

Von der Kritik wurde das »Gedichtbuch« fast durchweg wohlwollend aufgenommen. Auf der ersten Seite von »El Sol«, der wichtigen Madrider Tageszeitung, erschien am 30. Juli ein Artikel unter dem Titel »Ein neuer Dichter. Federico G. Lorca«. Für einige Tage zog Federico die Aufmerksamkeit der gesamten literarischen Gesellschaft Spaniens auf sich. »Ein Abenteurer auf unerforschten Gebieten der Poesie«, »Gedichte mit einem modernen Profil«, hieß es in diesem Artikel. Seine »verblüffenden neuen Bilder« wurden in einem anderen hervorgehoben. Die lobenden Kritiken brachten Federico zwar keinen Freibrief von seinem Vater für seine Dichterexistenz ein, zumindest aber lieferten sie einen Beweis, daß die elterliche Nachsicht im Kampf der Poesie gegen das Studium nicht ganz umsonst gewesen war.

Aber Federico war verzweifelt. Er fand sich in seinem Buch nicht wieder, fühlte sich im Wirrwarr der Kritik verloren. Sein Herz schlug nach wie vor für den mündlichen Vortrag, und plötzlich war er einem anonymen Publikum ausgesetzt, das er nicht vor Augen hatte. Seine gedruckten Gedichte erschienen ihm als totes Ding. Mit seiner körperlichen Gegenwart, dem Klang seiner Stimme, seiner Gestik hätte er sie zum Leben erwecken können.

An Adolfo Salazar, den Verfasser der lobenden Besprechung auf der Titelseite von »El Sol«, schrieb er: »Du siehst, wie mich diese schrecklichen Verse belasten. In meinem Haus gibt es kein Buch von mir. So ist es für mich, als hätte ich es nicht veröffentlicht. Und wäre es nicht wegen meiner Eltern (die meinen, ich sei gescheitert, weil man nicht von mir spricht), hätte ich dich niemals gebeten, dich um meine Kritiken zu kümmern.«

Auch dem »Gedichtbuch« war wie »Eindrücke und Landschaften« nicht der Erfolg beschieden, den es verdient hätte und den Federicos Freunde erhofft hatten. Aber während ihm die Verse seines »Gedichtbuchs« entglitten, ging er bereits unaufhaltsam weiter seinen Weg als Dichter. Zwischen 1920 und 1923 schrieb er mehr als zweitausend Gedichte.

»Andalusien weint, während es singt«

(1922–1923)

Plaza de los Aljibes, Zisternenplatz der Alhambra. Etwa viertausend Menschen waren in dieser lauen Sommernacht im Juni 1922 zur alten arabischen Festung heraufgekommen, die Frauen in prächtigen Trachten und altem Schmuck. Vor dem Hintergrund der Sierra Nevada war die festlich dekorierte Bühne aufgebaut. Respektvolle, aufmerksame Stille herrschte unter den Zuhörern, als der kleine alte Mann auf der Bühne das »Ay!«, den klagenden Schrei, mit dem die Siguiriya beginnt, anstimmte. Er sang von der Tragik des menschlichen Daseins, von den Verletzungen durch das Schicksal. Drei Tage lang war er zu Fuß aus der Provinz Sevilla unterwegs gewesen, um mit seiner gewaltigen Stimme auf dem ersten Cante-Jondo-Wettbewerb anzutreten.

> Es war die Pein,
> sie war es selbst,
> die hinter einem Lächeln
> sang ...[11]

heißt es in einem Gedicht Federicos über Juan Breva, eine der legendären Sänger-Figuren der langen Geschichte des Cante.

Um den Cante Jondo, den uralten leidenschaftlichen Gesang des andalusischen Volkes, erklären und verstehen zu können, muß man einen Blick zurück in die Geschichte werfen: Mit der Rückeroberung durch die kastilischen Könige begann für Andalusien eine lange Geschichte von Siegern und Besiegten. Das Land, das unter den Arabern so intensiv kultiviert worden war, wurde von den Siegern zum Dank für ihre Mithilfe an den Feldzügen gegen die Mauren an adlige Feldherrn, Militärs oder auch ganz einfach an kriegslustige Abenteurer verteilt. Die Araber hatten eine enge emotionelle Beziehung zu ihrem Land gehabt, für ihre Nachfolger aber war Landbesitz vorrangig ein Symbol für Reichtum und Macht. Es wurde in große Besitzungen aufgeteilt, deren Herren es veröden ließen, nur daran interessiert, gerade so viel aus der Erde herauszuholen, wie sie für ihren Prunk benötigten. Die Bewohner des Landes mußten sich als Tagelöhner bei den Großgrundbesitzern verdingen, Armut und Hunger beherrschten die einst so blühende Region. Dazu kam, daß alle, die sich Reste der maurischen

Kultur bewahrten, als geistige Verräter galten, verfolgt und vertrieben wurden. Ein Katholizismus in seiner intolerantesten Form und dessen Heilige Inquisition wachten von nun an über die »Reinheit von Blut und Glauben«. Der Kampf zwischen Siegern und Besiegten kam nie wirklich zu einem Ende – die Ungerechtigkeit und das Elend ist Andalusien seitdem geblieben.

Der Cante Jondo wurde zum Ausdruck dieses leidgeprüften, grausam unterdrückten Volkes. Über Jahrhunderte hinweg war es sein einziger Besitz, das einzige, womit es sich über die schlimmste Verzweiflung und Hoffnungslosigkeit hinwegtrösten konnte. Wo die Flamencokunst jedoch ihren Ursprung hat, weiß niemand genau.

Der Cante Jondo entwickelte sich im Laufe seiner langen Geschichte zur hohen Kunst. Die *Señoritos*, die reichen Leute, fanden immer mehr Gefallen an ihm, förderten ihn, und so fand er allmählich größere Verbreitung. Inzwischen beherrschten aber nur noch wenige Sänger und Musiker diese Kunst in ihrer Reinheit. So wie der Jazz einmal Ausdruck des Lebensgefühls und der sozialen Lage der schwarzen Sklaven Amerikas gewesen war und später von der Unterhaltungsindustrie übernommen und verwässert wurde, drohte dem Cante ein ähnliches Schicksal. Immer mehr verkam er zum klischeehaften Flamenco, wie er nun weitab von seiner Heimat in den Madrider Theatern und Shows dargeboten wird. Wenn die letzten alten Künstler dieser Tradition nicht mehr leben, wird auch eine der reichsten musikalischen Traditionen der Welt verschwinden, denn der Cante läßt sich nicht aufschreiben, nicht in Noten zwingen, er wird von Mund zu Mund, von Herz zu Herz weitergegeben.

Im Cante Jondo sind Spuren der byzantinischen Kirchenmusik enthalten, später kamen Elemente der arabischen Musik hinzu. Die Kultur des Abendlandes und die des Morgenlandes vereinigten sich darin. Eine endgültige Form verliehen dem Cante aber die Zigeuner, die ab etwa 1400 vermutlich aus dem Norden Indiens nach Europa und nach Südspanien gelangten. Und es waren auch sie, die diese Musik in ihrer Reinform über die Zeiten hinweg bewahrten.

Dem Wunsch, den Cante Jondo, dieses »äußerst seltene Muster des primitiven Gesangs, Europas ältesten Gesangs, dessen historischer Überrest und dessen vom Sand der Zeit verschüttetes lyrisches Fragment lebendig wie am ersten Tage ihres Daseins in Erscheinung tritt«[12], in seiner ursprünglichen Form am Leben zu erhalten, entsprang die Idee dieses Wettbewerbs.

Der Komponist Manuel de Falla, beunruhigt vom Niedergang dieser alten Kunst, ergriff die Initiative. Er war, nachdem er lange in Paris gelebt hatte, 1920 international berühmt nach Spanien zurückgekehrt und nach Granada übergesiedelt. Er hatte sich schon immer von dieser Musik angezogen und inspiriert gefühlt, in seinen Kompositionen klingt sie auf neuartige Weise weiter.

Es dauerte auch nicht lange, bis Federico den Pianisten und Komponisten kennenlernte und beide eine Menge Gemeinsamkeiten entdeckten. Wie Federico in Fuente Vaqueros hatte Don Manuel diese Musik den Leuten aus Cádiz, seiner Heimatstadt, abgelauscht, und ihr Einfluß auf ihre künstlerische Sensibilität war bei beiden von ähnlicher Bedeutung gewesen.

Bald entwickelte sich eine enge Freundschaft zwischen den beiden. Vermutlich wäre Federicos Leben anders verlaufen, wäre Don Manuel einige Jahre früher, als Federico noch nicht zwischen Musik und Literatur entschieden hatte, nach Granada gekommen. Federico war jedenfalls schon ein unverbesserlicher Dichter geworden, ohne aber die Begeisterung für die Musik verloren zu haben. Don Manuels Idee, etwas zur Rettung des von ihnen beiden so geschätzten Cante Jondo zu unternehmen, stieß bei ihm auf große Begeisterung.

»Das mit dem Cante-Jondo-Wettbewerb wirst du schon wissen. Es ist unsere Idee. Ich finde sie vortrefflich für die enorme Bedeutung, die der Cante auf dem künstlerischen Gebiet und in der Volkskunst hat. Ich bin begeistert!« schrieb Federico dem Freund und Kritiker Adolfo Salazar. Der Wettbewerb wurde zu einem glänzenden Fest und bewirkte in den Jahren danach eine Art Renaissance des Cante Jondo in Spanien.

Auf dem Wettbewerb lernte Federico Manuel Torres kennen, jenen Sänger, von dem Federico sagte, er habe die »größte Kultur im Blut«[13], der Sänger, der für ihn am meisten von allen in der Lage sei, den *duende*, den Dämon, heraufzubeschwören. Der Dämon erscheint nur, wenn er herausgefordert wird, wenn er den »metallischen Geschmack von Tod«[14] wittert. Dann hat der Künstler die äußerst mögliche Ausdruckskraft erreicht.

Lorca war auf fast manische Weise vom Gedanken an den Tod besessen. Einem Freund bekannte er einmal: »Der Tod ... Ah! In jedem Ding ist eine Andeutung von Tod. Die Stille, das Schweigen, die Ruhe sind seine Vorboten. Der Tod ist in allen Dingen. Er ist der Herrscher.«

Diese Obsession, so ausgeprägt sie bei Federico sein mochte, war keine persönliche Erfindung von ihm, sie war Bestandteil des spanischen Lebens und der spanischen Kultur. Die Vorstellung des Todes, der Gedanke an seine Unausweichlichkeit wird nicht unterdrückt und das alltägliche Leben nicht sorgfältig gegen seine Erwähnung geschützt. Jeder Versuch, den Tod aus dem Leben zu verbannen, wird vielmehr als Verfälschung des Lebens empfunden. Nur wer sich die Existenz des Todes vor Augen hält, kann auch das Leben verstehen.

»In allen Ländern ist der Tod ein Ende. Er kommt und die Vorhänge werden zugezogen. In Spanien nicht«[15], sagte Federico, aber weder er noch die anderen Spanier begriffen dies als eine Ablehnung des Lebens. Ganz im Gegenteil, je intensiver das Bewußtsein vom Tod, desto vollständiger das Bewußtsein vom Leben. Der Tod muß zu einem ständigen Begleiter werden, man muß ihn herausfordern, ihm mit Mut und Würde begegnen, wenn man ihn schon nicht aus der Welt schaffen kann.

In vielen alten Riten taucht diese Vorstellung auf, und der Stierkampf ist das berühmteste Beispiel dafür. Ein großer Stierkämpfer, dem man einen nicht besonders tapferen Stier zum Kampf vorsetzte, soll gesagt haben:»Was, gegen diesen Ochsen soll ich kämpfen? Und wenn ich in diesem Kampf sterbe, habe ich weder Tragik noch Ruhm davon.« Sterben ja, aber dramatisch, erst dann bekommt der Verlust des Lebens einen Sinn. Aber bevor es soweit ist, wollen die Menschen ihrem Leben so viel Farbe wie möglich verleihen.

Von dieser Einstellung her ist wenig verwunderlich, daß sich Federico mit den Künstlern des Cante identifizierte, die wie jener Manuel Torres den *duende* besaßen. Denn für Federico bedeutete der *duende* »eine Inspiration, die immer mit der Gefahr, dem Leiden und dem Tod verbunden ist«, mit dem Kampf, der immer wieder neue künstlerische Formen hervorbringt. Der *duende* konnte in allen Künsten zu Hause sein, aber für Federico »findet er natürlich das weiteste Feld in der Musik, dem Tanz und in der gesprochenen Dichtung: die nämlich fordern einen lebendigen Leib, der vermittelt, weil sie Formen sind, die unablässig entstehen und vergehen und ihre Umrisse nur auf eine genau begrenzte Gegenwärtigkeit bauen.«[16]

In dem Gedicht »Café Cantante« schildert Lorca, wie die berühmte Tänzerin La Parrala den Kampf mit dem *duende* führt:

Lampen aus Kristall
und grüne Spiegel.

Auf dunkler Bretterbühne
ergeht sich die Parrala
in einer Unterhaltung
mit dem Tode.
Sie ruft ihn,
er kommt nicht,
sie ruft nach ihm und ruft.
Es atmen
die Leute ein das Schluchzen.
Und in den grünen Spiegeln
verschwimmen lange Schleppen
aus Seide.[17]

Federico wußte, daß er selbst diesen *duende* besaß, vor allem wenn er seine Dichtung »sprach«. Dann »ging er zurück in die Zeiten, in die Jahrhunderte«, so beschrieb es Vicente Aleixandre, »auf der Suche nach der tiefen Weisheit, die in seinen Augen loderte und auf seinen Lippen brannte, sein Gesicht entflammte«.

Bereits im Jahr davor, mitten in den Vorbereitungen zum Wettbewerb, begann Federico einen Gedichtzyklus unter dem Titel »Poema del Cante Jondo«, »Dichtung vom Cante Jondo«.

In diesen Versen versetzte Federico den Leser, oder besser gesagt den Zuhörer, an die Schauplätze von »entlegenen Ländern der Pein«, in die Welt des Cante Jondo. Es ist eine Welt von Dörfern auf kahlen Hügeln, verlorenem Glockenläuten von gelben Türmen herunter, sich ewig drehenden Wetterfahnen, vermummten Menschen, die sich in den einsamen Straßen treiben lassen wie Gespenster aus einer anderen Welt, barfüßigen Kindern auf verstaubten Wegen, tiefen Zisternen und schwarzblauen Nächten – das tragische Andalusien hinter dem fröhlichen Land des Tambourins und der Blumen an den weißgekalkten Häuserwänden.

So wie Federico als Kind allen Gegenständen ihre Persönlichkeit zugesprochen hatte, machte er jetzt die Elemente des Cante in seiner Dichtung zu Personen, zu poetischen Personen. Die Siguiriya, die reinste und älteste Form des Cante, wird zu einem »dunkelbraunen Mädchen«, das verrückt vor Liebe den Kopf verliert, diese Liebe aber nie finden wird:

> Wohin gehst du, Siguiriya
> mit dem Rhythmus ohne Kopf?
> Welcher Mond nimmt auf wohl deinen
> Schmerz von Kalk und Rosenlorbeer?[18]

Die sechs Saiten der Gitarre werden zu tanzenden Mädchen:

> Sechs Jungfern tanzen,
> wo sich die Wege
> auf der Rundung
> kreuzen.[19]

Wie die Zigeuner war García Lorca mehr ein Mensch der Nacht als des Tages, der Mond war ein engerer Freund als die Sonne. Daher haben auch die Handlungen der meisten seiner Gedichte vom Cante Jondo die Nacht zum Schauplatz, eine visionäre nächtliche Welt zwischen Traum und Wirklichkeit, in der Frauen auf »schlafenden Pferden« zu fliehen versuchen, verträumte Menschen mit Laternen aus ihren Höhlen leuchten, um nach der »von Berg zu Berg gehenden Ellipse eines Schreis« zu sehen, oder Kinder mit sehnsüchtigem Blick in der Dunkelheit stehen wie in dem Gedicht »Nachdem sie vorübergezogen ist«:

> Die Kinder schauen
> nach einem fernen Punkt.
>
> Das Lampenlicht wird schwächer,
> nur ein'ge blinde Mädchen
> befragen nun den Mond,
> und durch die Lüfte steigen
> Spiralen weher Klagen.
>
> Die Berge schauen
> nach einem fernen Punkt.[20]

Kaum etwas anderes hat Lorcas Poesie und sein Wesen so sehr beeinflußt wie die emotionale Tiefe des Cante Jondo – die wörtliche Übersetzung von *jondo* ist »tief«: »Er ist tief, wahrhaft tief, tiefer als alle Brunnen und als alle Meere, die die Welt umgeben, viel tiefer als das heutige Herz, das ihn hervorbringt, und die Stimme, die ihn singt … Er kommt von der ersten Wehklage und vom ersten Kuß.«[21]

Federico ist so andalusisch wie der Cante, beides ist nicht voneinander zu trennen. Als seine Gedichte fast zehn Jahre später veröffentlicht wurden, pfiffen sie bereits die Spatzen von den Dächern.

Am Dreikönigstag des darauffolgenden Jahres veranstaltete Federico zusammen mit Manuel de Falla ein anderes Fest zu Ehren einer alten andalusischen Kunst: dem Puppenspiel. Im geräumigen Salon im Hause der Garcías in Granada wurde Platz gemacht für eine Puppenbühne und für etwa hundert Kinder, denen dieser Tag ein unvergeßliches Erlebnis bleiben sollte.

Manolo Ángeles Ortiz hatte die Kulissen und Dekorationen gemalt, und Manuel de Falla spielte am Klavier Musik von Debussy, Albeniz und Ravel. Es war bewegend, wie liebevoll und mit wieviel Begeisterung die drei großen Künstler dieses Fest für eine Schar von Kindern vorbereitet hatten.

»Drei Tage vor unserer Aufführung«, erzählte Lorca, »betrete ich das Haus von de Falla, und ich höre ihn Piano spielen. Ich klopfe an die Tür. Er hört mich nicht. Ich klopfe stärker. Schließlich trete ich ein. Der Maestro sitzt am Klavier vor einer Partitur von Albeniz. ›Was machen Sie, Maestro?‹ ›Nun, ich bereite mich für das Konzert Ihres Theaters vor.‹ Das ist Falla. Um ein paar Kinder zu unterhalten, übte und vervollkommnete er sich.«

Im Herbst 1923 fiel erneut ein Schatten auf das Land. Am 13. September unternahm General Primo de Rivera einen Staatsstreich, durch den sieben Jahre Diktatur eingeleitet wurden. Der König hatte all sein Prestige verspielt, nachdem er 1921 aus reinem persönlichen Ehrgeiz eine militärische Schlacht gegen die aufständischen Rif-Stämme der spanischen Kolonie in Marokko unternommen hatte. Bei Annual hatte der Stammesführer Ab-del-Krim die spanische Armee in einen Hinterhalt gelockt und sie vernichtet. 10000 spanische Soldaten hatten wegen des Geltungsbedürfnisses des Königs ihr Leben lassen müssen. Um seinen Thron nicht zu verlieren, schickte er jetzt einen Diktator nach vorn.

Schwere Jahre

(1924–1927)

Das erste Hochhaus im Madrid der zwanziger Jahre befand sich gerade im Bau, die Hauptstadt war in ihren menschlichen Dimensionen noch immer überschaubar und lebenswert. Man konnte jeden Punkt der Stadt zu Fuß erreichen, jeder kannte jeden. Federico fühlte sich wohl dort. Trotzdem war es für ihn eine vitale Notwendigkeit, jeden Sommer die Residencia mit der Finca de Daimuz und später, ab 1926, der Huerta San Vicente, den Landgütern seines Vaters, zu vertauschen. »Im Garten blühen soviel Jasmin und Nachtschatten, daß wir alle im Hause am Morgen unter lyrischem Kopfschmerz leiden«[22], schrieb er in einem seiner zahllosen Briefe aus der sommerlichen Abgeschiedenheit.

Die Zeiten in der Vega waren für Federico immer eine Phase besonders intensiver Arbeit. Allein im Sommer 1924 schrieb er den größten Teil seines ersten Dramas »Mariana Pineda«, begann ein weiteres Drama und vollendete eine Serie von Gedichten, die erst Jahre später unter dem Titel »Romanceros Gitanos«, »Zigeunerromanzen«, erschienen. Federico überließ sich vollkommen seinem dichterischen Drang.

Trotzdem oder vielleicht gerade deswegen begann in dieser Zeit zwischen seinem sechsundzwanzigsten und dreißigsten Lebensjahr die schwierigste Etappe seines Lebens. Es war eine Phase, in der er zwischen Euphorie und Depression, zwischen Freude und Traurigkeit hin und her gerissen wurde, zwischen der leidenschaftlichen Hingabe an die Dichtung und vielen beruflichen und menschlichen Enttäuschungen. Es zeigte sich, daß Federico nicht nur der unbekümmerte Troubadour war oder sogar der *Señorito*, das Herrensöhnchen, das nicht bereit war, ernsthafte Verantwortung für sein Leben zu übernehmen. Jetzt, mit sechsundzwanzig Jahren, verspürte er mehr denn je die Notwendigkeit, seine literarische Tätigkeit vor sich, vor seinen Eltern und nicht zuletzt auch vor der Gesellschaft zu rechtfertigen. In einem Brief aus Madrid versicherte er seinen Eltern, daß die Aufführung von »Mariana Pineda« so viel wie sicher sei und er bald ein erfolgreicher Theaterautor sein werde.

»Ich bin zufrieden, höchst zufrieden, weil es jetzt läuft. Meine ›Mariana‹ hatte beim Vorlesen einen Erfolg, den ich nicht erwartet

habe, und ›Die wundersame Schustersfrau‹ begeisterte wegen ihrer
Neuheit. ›Mariana Pineda‹ bekommt gerade den letzten Schliff. Mar-
tínez Sierra als Theaterunternehmer sagt, daß das Stück einen großen
Erfolg haben kann.«

Aber in Wirklichkeit war die Möglichkeit einer solchen Aufführung
viel geringer, als Federico sich das vorstellte. Martínez Sierra hatte das
Desaster mit Federicos erstem Stück noch nicht vergessen und war
nicht zu einem Risiko bereit, unter einer politischen Diktatur ein Stück
aufzuführen, in dem allzuoft das Wort »Freiheit« vorkam. Bei mehreren Gelegenheiten, zu denen Federico das Stück vorlas, wurde es begeistert gefeiert, aber es vergingen noch Jahre, bis der Vorhang für die
Freiheitsheldin Mariana Pineda aufging.

»Ich weiß nicht, was ich machen soll, und bin verärgert, weil meine
Eltern nichts Praktisches in meinen literarischen Aktivitäten sehen; sie
sind unzufrieden mit mir und tun nichts anderes, als mir das Beispiel
meines Bruders vorzuhalten, Student in Oxford und voller Lorbee-
ren«, schrieb er verzweifelt an den Dramaturgen Eduardo Marquina.
Federico mußte seinen Eltern gegenüber jede Reise nach Madrid mit
Entschuldigungen, Vorwänden und kleinen Lügen rechtfertigen. Von
seinen Freunden erhoffte er sich dabei Unterstützung:»Wenn ich einen
ernsten Vorwand hätte, würde ich nach Madrid fahren. Wenn nicht,
bleibe ich bis weiß Gott wann … Würdest Du mir einen Brief schreiben, in dem Du mir sagst, daß ich unbedingt nach Madrid kommen
'soll? Dies ist keine Lüge. Ich muß doch fahren, nicht wahr?«

Federico war wirtschaftlich immer noch von seinen Eltern abhängig,
und sein Wunsch, sich aus dieser Abhängigkeit zu lösen, wurde immer
intensiver. Nachdem das Manuskript für sein Theaterstück »Mariana
Pineda«, deren Aufführung ihn von seiner wirtschaftlichen Abhängigkeit befreit hätte, nun schon ein paar Jahre in der Schublade lag, trug
sich Federico sogar mit dem Gedanken, einen geregelten Beruf zu
ergreifen.

Seinem Freund Jorge Guillén, dem Dichter und Literaturprofessor,
teilte er in einem Brief mit, daß er sich entschlossen habe, sich um eine
Professur für Literatur zu bemühen:»Andererseits möchte ich unab-
hängig sein und mein eigenes Wesen innerhalb der Familie behaup-
ten… Und deshalb wende ich mich an Dich. Was glaubst Du, soll ich
tun, um mich ernsthaft auf meinen Professor vorzubereiten? … Ich
habe es nicht eilig, aber ich möchte das tun, um mein (schon endgülti-
ges) dichterisches Verhalten zu rechtfertigen.«[23]

Jorge Guillén, der für Federico unter den Dichterfreunden seiner Generation der kompetenteste und reifste geistige Mentor war, ein väterlicher Freund, der Federicos Zweifeln und Unruhe sicherlich näher stand als sein eigener Vater, war entzückt von diesem Entschluß. Er riet ihm, von nun an von allem, was er las, Notizen zu machen, alle Historiker und Gelehrten, die sich zu den Texten geäußert hatten, zu studieren und zusammenfassende Aufzeichnungen davon anzufertigen. Er solle sich einen Karteikasten kaufen und gleich anfangen, ernsthaft zu arbeiten.

»Ich habe schon den Zettelkasten bestellen lassen«, schrieb Federico zurück. »Was für phantastische Notizen wird er enthalten! ... Aber wenn ich nicht geeignet bin? Denn ich bin weder intelligent noch arbeitsam (ich bin träge!). Alsdann ... werden wir ja sehen.«[24]

Auf seine Eltern hatten diese Anstrengungen sicherlich großen Eindruck gemacht, aber glücklicherweise ist es dann bei Federicos erster Begeisterung für den Karteikasten geblieben. In seinem Innersten wußte Federico genau, daß er nie Professor für Literatur werden könnte. Und sollte er den Karteikasten wirklich bestellt haben, so hatte er ihn sicher nie mit »phantastischen Notizen« gefüllt. Ein Dichter ist eben kein Angestellter, der, wenn er mit seiner Arbeit unzufrieden ist, einfach seine Arbeitsstelle wechselt. Sich als Dichter in Frage zu stellen hieße, seine ganze Existenz in Frage zu stellen.

Eines Tages erschien in der Studentenresidenz ein schlanker junger Mann mit schönem schmalen Kopf, brauner Haut und enganliegenden, nach hinten gekämmten langen Haaren. Die erste Zeit war er in den Gängen und Gemeinschaftsräumen der Residencia nur selten zu sehen. Er war fast krankhaft schüchtern und zog sich meist in sein Zimmer zurück, wo er unaufhörlich malte. Der junge Mann war Salvador Dalí, der von Katalonien nach Madrid gekommen war, um Maler zu werden. Dalís Vater wollte, daß er die Malerei ordentlich lernte, und hatte ihn an die Akademie nach Madrid geschickt, wo sein ungestümes Talent gezähmt werden sollte. Salvador gehörte von nun an zu jener Runde, die sich in Federicos Zimmer nächtelang unterhielt oder sich um sein Klavier scharte. Federico selbst war regelrecht von einer Leidenschaft für diesen phantasievollen und auch literarisch begabten Maler ergriffen. Zusammen mit Luis Buñuel bildeten sie bald eine unzertrennliche Gruppe, und Federicos Freundschaft zu Salvador Dalí entwickelte sich zu einer wahren Obsession.

Höhepunkt dieser für ihn so wichtigen Freundschaft war Federicos Besuch während der Osterwoche 1925 bei den Dalís in Cadaqués, nahe Barcelona. Im Anschluß an diesen Besuch entstand Federicos »Ode an Salvador Dalí«, eines der wertvollsten Gedichte auf die Freundschaft, die je in spanischer Sprache geschrieben worden sind. Es ist ein Loblied auf die Liebe und die menschliche Wärme als die wesentlichen Dinge des Lebens, die noch höher einzuschätzen sind als die Kunst, auch als die eigene Kunst:

> Vor allem aber sing ein uns gemeinsames Denken ich,
> das uns vereinigt in den dunklen und den goldnen Stunden.
> Nicht ist die Kunst das Licht, das uns die Augen blendet.
> Die Liebe ist's zuerst ...[25]

Das idyllische Cadaqués, das kleine weiße Dorf in der malerischen Bucht, umgeben von terrassenförmig abgestuften Hügeln und den kleinen Felsen des Kaps in warmen Ocker- und Rotschattierungen, erscheint in der Ode untrennbar mit Dalí verbunden. Eine Harmonie von Landschaft und den Menschen von Cadaqués:

> Im Waagzünglein zwischen Meer und Hügel, Cadaqués –
> errichtet freie Treppen und birgt heimlich Muscheln.
> Flöten aus Holz beschwichtigen die Luft.
> Ein alter Waldgott gibt den Kindern Früchte.
>
> Im Sande schlafen seine Fischer ohne Träumerei.
> Es dient auf hoher See als Kompaß ihnen eine Rose.
> Der jungfräuliche Horizont zerzuckter Tücher
> vereint des Fisches und des Mondes Spiegelscheiben.[26]

In Federicos Briefen nach dem Besuch in Cadaqués erschienen die wenigen Tage am katalanischen Mittelmeer als die glücklichsten dieser Jahre. Es sind Briefe, aus denen der ganze Zauber der Persönlichkeit Federicos spricht, und Salvador war von ihnen sichtlich beeindruckt: »Ay, wer sagt schon Sachen wie du? ... Niemand. Du bist der einzige interessante Mensch, den ich kenne.«

Alle im Haus Dalí waren von Federico fasziniert, waren es nun die Kinder oder die Künstler Barcelonas, die sich dort häufig aufhielten. Einmal las er sein Stück »Mariana Pineda« vor, was alle tief bewegte.

Ana-Maria, Salvadors Schwester, standen die Tränen in den Augen, Salvadors Vater hielt ihn für den größten Dichter des Jahrhunderts, und die Kinder unter den Zuhörern liebten es besonders, als Federico die kindlichen Stimmen des Chors imitierte, der im Stück eine Volksromanze singt.

Bei einer Zusammenkunft mit Künstlern und Kritikern aus Barcelona in einem Café der Stadt war auch Sebastià Gasch dabei, dem der Name García Lorca bis dahin überhaupt nichts gesagt hatte. Er schilderte seine erste Begegnung mit Federico folgendermaßen: »Sobald ich ein paar Worte mit der geheimnisvollen Person gewechselt hatte, war ich Opfer seiner Pfeile, die er aussandte. Blitzartig und überraschend fühlte ich mich von diesem leidenschaftlichen Burschen wie von einem Magneten angezogen ..., auf seinem Gesicht dieses offene, leuchtende und höfliche Lachen zwischen Unschuld und Schelmerei ... Ungestümer Charakter, jung, impulsiv – ausschweifend und präzise zugleich –, von einer rasenden Vorstellungskraft. Jeder Satz, jeder Gedanke, jedes Wort ein Vers. Seine Unterhaltung war von einer gewaltigen und wilden Individualität geprägt und gleichzeitig lustig und erfrischend wie die erste Brise eines einsetzenden Windes. Im Laufe seiner mit herrlichen Bildern und köstlichen Vergleichen ausgeschmückten Unterhaltung erfuhr ich Dinge über Andalusien, die ich bisher vollkommen ignorierte. Ein Andalusien, das überhaupt nicht dem von einer mit Gemeinplätzen beladenen Literatur entstellten Andalusien entspricht. Überschäumende Leidenschaft, Glut, innere Lebendigkeit, in jedem Augenblick an ein Bild von Picasso erinnernd.«

So interessant und schlagfertig Lorca oft war, so kindlich verhielt er sich zu anderen Zeiten. Mit seinen Ängsten und Obsessionen hielt er sich vor allem seinen engeren Freunden gegenüber nicht zurück. »Er terrorisierte uns alle in der Residencia mit seiner Angst vor dem Tod«, schreibt Dalí an einer Stelle seiner Autobiographie. Oder Ana-Maria erzählte: »Manchmal war er wie ein Kind, ein schutzloses Kind, das alle erdenkliche Bemutterung brauchte. Ein paar Mal ärgerte er sich über uns und sagte dann: ›Ihr mögt mich nicht, gut, dann geh ich.‹ Er ging und versteckte sich. Salvador und ich suchten ihn im Dorf. Er wußte, daß wir hinter ihm herlaufen würden. Und als wir es am wenigsten erwarteten, tauchte er plötzlich auf, sich totlachend, und war zufrieden, daß wir ihn gesucht hatten, denn nun fühlte er sich geliebt.«

Oder der Anblick des Meeres erweckte in ihm die Angst vor dem Ertrinken, und ihn dazu zu bewegen, ein Boot zu besteigen erforderte die ganze Überredungskunst seiner Freunde. Dieselbe Panik übermannte ihn auch beim Autofahren oder beim Überqueren der Straße.

Ana-Maria, mit der Federico seit diesen Tagen eine enge Freundschaft verband, hat aus ihrer Erinnerung eine der schönsten und treffendsten Beschreibungen von Federicos Person hinterlassen:»Jemand hat García Lorca mit einem Schwan verglichen, der außerhalb des Wassers schwer und ohne Anmut ist. Aber sobald er auf dem Wasser gleitet, ist er nicht nur schön, sondern er verleiht allem Schönheit, was ihn umgibt. Er war wirklich so: Außerhalb seines Elements – damit meine ich Vortragen, Gitarre- und Klavierspielen, über Dinge sprechen, die ihn interessierten – hatte sein strenges und bedrücktes Gesicht zwar einen intelligenten, vor Vitalität strahlenden Ausdruck, aber weder seine nicht sehr schlanke und etwas eckige Gestalt noch seine eher schwerfälligen Bewegungen waren hinreißend. Plötzlich aber, kaum daß er sich in seinem Element befand, veränderte sich alles an ihm zu perfekter Eleganz. Sein Mund und seine Augen harmonierten auf so bewundernswerte Weise, daß man sich dem umwerfenden Charme, den seine Person ausstrahlte, nicht entziehen konnte. Die Worte flossen dann sicher und eindringlich, und der Klang seiner etwas heiseren Stimme war von großer Schönheit. Alles um ihn herum verwandelte sich ... García Lorca war von großer Schlichtheit. Er kannte sicherlich seinen großen Wert, aber er besaß nie den enormen Dünkel, der meinen Bruder immer charakterisierte.«

Salvador Dalí und García Lorca waren wirklich zwei sehr unterschiedliche Charaktere. Dalís Selbstbewußtsein konnte sehr leicht in Größenwahn und Herzlosigkeit umschlagen, während Federico mit seiner Bescheidenheit und toleranten Großzügigkeit, mitunter auch Selbstzweifeln, ein eher entgegengesetztes Naturell besaß. Die in der Ode beschworene Freundschaft hatte für Dalí nicht die hohe Bedeutung wie für Federico. Dalí fühlte sich in erster Linie geschmeichelt, von einem so beliebten und bereits wichtigen Dichter wie García Lorca mit einem Gedicht bedacht zu werden – dazu veröffentlicht in der »Revista de Occidente«, einer der angesehensten Literaturzeitschriften des Landes. Doch er spielte nur mit den Gefühlen Federicos, dessen fast besessener Zuneigung er sich sicher war. Daß Dalí sich im Laufe der Zeit der Freundschaft immer mehr entzog, hatte wesentlich zu Federicos innerer Krise dieser Zeit beigetragen.

Noch viele Jahre nach dem Tod des Poeten erklärte Dalí immer wieder:»Federico war Päderast, wie man weiß, und er war wahnsinnig in mich verliebt«, und zweimal habe er versucht, ohne Erfolg, ihn sexuell zu bedrängen. Eine Erfindung des exzentrischen Malers? Marcelle Auclair, die Biographin Lorcas, hatte den Dichter anders erlebt. »Man konnte ihn jahrelang kennen und vertrauten Umgang mit ihm haben, ohne den Verdacht zu schöpfen, daß er homosexuell sei. Vor allem Leuten gegenüber, die seine Neigungen nicht mit ihm teilten, war er die Diskretion in Person.« Aber gleichgültig, ob Dalís Behauptungen wahr sind oder nicht, das Thema fällt in den Bereich des Klatsches, für den die Regenbogenpresse zuständig ist, die später auch ihre Spalten damit füllte.

Zurück in Granada, verbrachte Federico die meiste Zeit in der malerischen »Huerta San Vicente«, einem Landhaus seines Vaters. Die weißen Mauern waren an zwei Seiten mit Jasmin überwuchert, im Garten neben vielen Büschen und Blumen standen zwei Zypressen, eine von Federico, die andere von seinem Bruder gepflanzt. Und das Ganze lag mitten im üppigen Grün der Vega – »Grün, wie ich dich liebe, Grün. Grüner Wind. Und grüne Zweige«, heißt es in Lorcas berühmter »Somnambuler Romanze«.[27]

Der größte Teil von García Lorcas Werk entstand an diesem idyllischen Ort. Oben im ersten Stock bewohnte er ein kleines schlichtes Zimmer mit Bett, Schreibtisch und einem von Rafael Alberti gemalten Bild mit der Widmung: »Dieses Bild des Südens am Beginn unserer Freundschaft. Rafael Alberti 1924.« Vor dem offenen Balkon breitete sich die weitläufige Landschaft der Sierra Nevada aus, und die Sonne, die fast den ganzen Tag auf die Flügel der Balkontür schien, ließ deren Farbe besonders intensiv leuchten: Grün, die Farbe des Islam, die Farbe Andalusiens.

Aber ein anderer Teil Federicos wollte Spanien am liebsten verlassen, das Spanien der Diktatur mit ihren Tabus und ihrer Zensur. Bereits 1926 schrieb er in einem Brief: »Ich habe Lust, meine Poesie und mein Herz in fremden Wassern zu erfrischen, um ihm mehr Reichtum zu verleihen und seinen Horizont zu erweitern. Ich bin sicher, daß jetzt eine neue Epoche für mich beginnt.« Aber es mußte noch einige Zeit vergehen, bis er zum ersten Mal nichtspanischen Boden betrat.

Das Jahr 1927 brachte eine Art kulturelle Explosion im Lande. Immer mehr Literaturzeitschriften, in denen sich die Werke der besten Autoren Spaniens versammelten, schossen aus dem Boden. Auch für García Lorca war dieses Jahr eines der bedeutendsten. Jahrelang hatte er gesät, jetzt, 1927, konnte er plötzlich ernten. Endlich fand sein Theaterstück »Mariana Pineda« den Weg auf die Bühne. Im Juni 1927 wurde es von der angesehenen Theatergruppe der Schauspielerin Margarita Xírgu in Barcelona uraufgeführt. Und es wurde ein großer Erfolg. Margarita Xírgu und Federico mußten nach jedem Akt vor den Vorhang treten und den Beifall des Publikums entgegennehmen.

Salvador Dalí hatte die Kulissenbilder und die Bühnendekorationen zum Stück entworfen und gemalt und dafür sein ganzes malerisches Talent aufgewendet. »Diese Dekoration enthält ganz Andalusien«, schrieb Sebastià Gasch dazu. »Ein intuitiv erfaßtes Andalusien, erraten und erahnt von einem Menschen, der es nicht kennt. Doppelter Wert also ... voller literarischer Eingebungen.« Dalí kannte Andalusien nur von Photos und den stundenlangen Erzählungen Federicos. Das genügte ihm aber, um ein von Klischees befreites Bild dieser Region zu zeichnen.

Für Federico war die Freiheitskämpferin Mariana Pineda sozusagen eine Nachbarin. Das Haus, in dem Federico mit seinen Eltern in Granada gelebt hatte, lag an einem kleinen Platz mit ihrem Denkmal. »Die Kinder in meinem Alter und ich faßten uns damals an den Händen, bildeten Kreise, die sich rhythmisch öffneten und schlossen und sangen mit melancholischem Ton ...[28]:

> Ach, welch Trauertag ist in Granada,
> der die Steine selbst zu Tränen rührt,
> sehn sie Mariana hingerichtet,
> weil sie nichts verrät, durch nichts verführt!«[29]

Mariana Pineda ist eine geschichtliche Figur aus dem frühen 19. Jahrhundert, einer Zeit, in der die Liberalen unter dem absolutistischen Fernando VII. rücksichtslos verfolgt wurden. Mariana war in einen Hauptmann der Liberalen, Pedrosa, verliebt, für ihn stickte sie die Freiheitsfahne. Doch Pedrosa mußte vor seinen Verfolgern fliehen und ließ Mariana im Stich. Nur die Geliebte des verhaßten Richters zu werden hätte sie vor dem Galgen retten können, aber bis zum letzten Moment hoffte die zum Tode verurteilte Mariana auf die Rückkehr Pedrosas.

Viele hatten in dem Stück nur den politischen Hintergrund gesehen, aber in Federicos Stück opfert Mariana ihr Leben nicht politischen Idealen, sondern der Liebe, die für sie die Freiheit ist; keine Freiheit im politischen Sinne, sondern die Freiheit des Herzens, des Denkens, die unantastbar ist. »Man kann niemandes Herz kaufen.«

Es ist diese menschliche Würde, die vom Opressor – im Stück vom Richter dargestellt – gewaltsam verletzt wird. Wieder einmal hatte Federico eine Variation des Themas geschaffen, von dem er besessen war: die verhinderte Liebe, die im Tod endet.

Zur selben Zeit klebten an den Litfaßsäulen Barcelonas Plakate mit einer vielversprechenden Ankündigung:

Wir laden Sie ein zu einer Ausstellung der
Zeichnungen von
FEDERICO GARCÍA LORCA

In den Galerien Dalmau waren eine Woche lang vierundzwanzig Zeichnungen ausgestellt, die von der Kritik ebenfalls begeistert aufgenommen wurden: »Produkte der reinen Intuition. Die Hand des Zeichners wird direkt von der Inspiration geführt. Eine Hand, die sich aufgibt. Eine Hand, die sich gewähren läßt, ohne Widerstand, die nicht weiß und nicht wissen will, wohin sie geführt wird.«

Federicos Zeichnungen entsprangen derselben Intuition wie seine Gedichte; sie sind so poetisch wie seine Gedichte bildhaft.

Fast immer stellte er in seinen Zeichnungen Personen dar, Bajazzos, Selbstportraits, Figuren aus seinen Werken, mit melancholischem Blick, manchmal mit einem Ausdruck tiefer Angst.

Federico nutzte seinen Aufenthalt in Barcelona, um noch einmal einige Wochen mit Salvador, den er seit seinem Besuch vor zwei Jahren nur einmal kurz gesehen hatte, und seiner Familie zu verbringen. Es war für Federico wieder eine glückliche Zeit, aber es sollten sieben Jahre vergehen, bis sich die beiden Freunde danach wiedersehen würden.

Als bald darauf sein Gedichtband »Canciones«, zu deutsch »Lieder«, erschien, konnte Lorca in diesem einen Jahr zum dritten Mal öffentlichen Erfolg für sich verbuchen. Daneben arbeitete er an neuen Projekten, bereitete die Aufführungen von »Mariana Pineda« in Madrid und Granada vor und hielt wie immer Vorträge im ganzen Land.

Am Ende des Jahres wurde der 300. Todestag des von der Dichtergeneration um García Lorca so verehrten Barockdichters Luis de Góngora gefeiert, und das Ateneo von Sevilla lud zu diesem Anlaß ein. Die Feiern wurden zu einem ungewöhnlichen Erfolg. Vor allem die Lesungen junger Poeten wurden vom Sevillaner Publikum immer wieder von begeistertem Applaus unterbrochen. »Die Sevillaner sind begeisterungsfähig bis zur maßlosen Übertreibung«, beschrieb Rafael Alberti in seinen Memoiren die Feiern. »Das Publikum beklatschte die schwierigen Dezimen Guilléns wie die gelungensten Verónicas in der Stierkampfarena … Doch das Delirium erreichte seinen Höhepunkt, als Lorca aus seinen noch unveröffentlichten ›Zigeunerromanzen‹ vorlas. Die Leute schwenkten Tücher, wiederum wie in der Stierkampfarena bei der schönsten Arbeit mit der Muleta, und die Krone setzte allem der andalusische Dichter Adriano del Valle auf, der nach der Lesung, auf seinem Stuhl stehend, Federico den Rock, den Hemdkragen und die Krawatte vom Leibe riß.«

Später ging diese Gruppe von Dichtern unter dem Namen »Generation von 27« in die Literaturgeschichte ein.

Lorca im Elternhaus in Granada (1920)

Landhaus Huerta San Vicente

Landarbeiter in der Vega

Lorca mit Buñuel auf einem Volksfest in Madrid (1921)

Besuch bei Salvador Dalí in Cadaqués (1925)

Lorca, Dichter und Pianist (1933)

Eines der letzten Porträts (1935)

Gedenkkreuz auf dem Massengrab von Granadiner Opfern des Bürgerkriegs-
terrors nahe der Stelle, an der Lorca vermutlich erschossen wurde.

»O Stadt der Zigeuner«

(1928–1929)

Ende Juli 1928 wurde in Spaniens Buchhandlungen ein kleinformatiges Buch ausgeliefert. Den Umschlag zierte eine grazile Tuschezeichnung, eine Blumenvase mit drei schwarzen Blumen, darunter die Unterschrift des Zeichners: Federico García Lorca. Es waren seine »Zigeunerromanzen«, ein Bändchen, das einmal zum meistgelesenen und berühmtesten Gedichtbuch der spanischen Sprache werden sollte.

Noch nie in der Geschichte der spanischen Literatur war ein Buch mit so viel Spannung erwartet worden. Innerhalb weniger Tage war es vergriffen, innerhalb weniger Wochen war García Lorca eine Berühmtheit. Er hatte wieder zum Leben erweckt, was jahrhundertelang nur ein schweigsames Dasein im Verborgenen geführt hatte: die Romanze. Sie ist eine anekdotische Legendenerzählung, in der Ritter, Könige, Liebhaber die Helden sind, Mauren ebenso wie Kastilier oder Andalusier, menschliche Gestalten mit ihrem Kummer, ihrer Liebe, ihren Gefühlen.

Die Romanze war nur noch beim Volk zu hören gewesen, das nicht lesen oder schreiben konnte. Und diese Leute hatten sie im Gedächtnis und im Herzen bewahrt.

García Lorca vereinigte den alten Rhythmus der Romanze mit neuen Bildern und neuen dramatischen Geschichten und verlieh ihm einen eigenen lyrischen Klang. Was konnte einen Dichter wie ihn, der seine Gedichte »sterben« sah, wenn sie gedruckt wurden, mehr anziehen als die Romanze, die seit ihrem Bestehen immer nur von Mund zu Mund weitergegeben wurde und die den Spaniern und der spanischen Sprache im Blut lag?

»Das Buch als Ganzes – obwohl ich es zigeunerisch nenne – ist die Dichtung Andalusiens. Ich nenne es zigeunerisch, weil der Zigeuner das Erhabenste, das Tiefgründigste und Aristokratischste meines Landes ist, das Würdevollste in seiner Art und jemand, der die Glut, die Reinheit und das Alphabet der andalusischen und universellen Wahrheit bewahrt«, so kommentierte García Lorca anläßlich eines Vortrags seine Zigeunerromanzen.

Es ist kein malerisches oder folkloristisches Buch. Die imaginäre »Stadt der Zigeuner« sucht man vergebens auf der Landkarte Andalusiens, aber Lorca war zu ihr gelangt. »Man kommt von der Inspiration

Romancero gitano

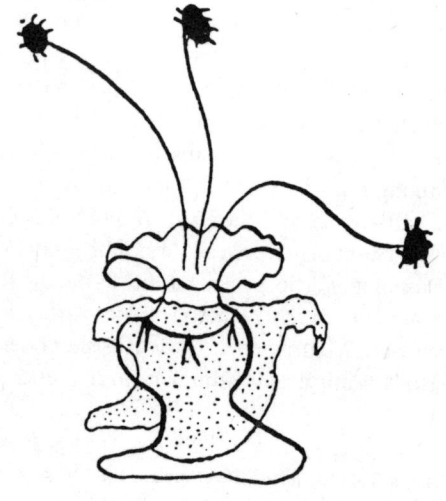

por

Federico García Lorca.

1924
1927

Revista de
Occidente

Titelseite der »Zigeunerromanzen«

zurück, wie man von einem fremden Land zurückkommt.«[30] Das Gedicht ist die Schilderung der Reise.

Ebenfalls nach einer langen Reise von sechshundert Jahren waren die Zigeuner, diese stolzen Menschen »mit dem Herzen im Kopf« – vermutlich aus dem nördlichen Indien – gegen Ende des 15. Jahrhunderts in Spanien angelangt. Die Gründe für den Auszug der Zigeuner aus ihrer asiatischen Heimat sind unbekannt, aber am Ende ihrer Reise durch Asien und Europa fanden sie in Spanien mit der arabischen Zivilisation starke Anklänge an ihre Herkunft vor. In den Morisken, der verbliebenen und zwangsbekehrten maurischen Bevölkerung, trafen sie auf Menschen, die ihnen vertraut erschienen, mit denen sie instinktiv ein tiefes Verständnis verband. Wie sie waren auch die Zigeuner eine ethnische und kulturelle Minderheit, vor der der Hochmut einer Kultur, die sich christlich nannte, nicht zurückschreckte, genausowenig wie vor anderen fremden Kulturen.

Jahrhundertelang versuchten die spanischen Könige, das Land von den Zigeunern zu säubern. Man ließ sie auf Galeeren verschleppen, per Dekret versprengen und dann wieder in Elendsvierteln zusammenpferchen, auspeitschen, die Ohren abschneiden, ins Gefängnis werfen. Im 18. Jahrhundert fanden diese grausamen Verfolgungen dann allmählich ein Ende, allerdings wandte man dann ein anderes Mittel an, um dem Zigeunerwesen ein Ende zu bereiten: Man zwang die Zigeuner, seßhaft zu werden, sich in die »ordentliche Gesellschaft« einzugliedern. Man verbot ihnen, ihr Wanderleben weiterzuführen, ihre eigene Sprache zu sprechen, ihre bunte Kleidung zu tragen. Es war verboten, sie Zigeuner zu nennen, und sie selbst durften sich nicht als Zigeuner fühlen.

Doch der Stolz der Unterdrückten überdauerte den Hochmut der Mächtigen. Obwohl in ihrer Anzahl sehr gering, überlebten die Zigeuner fünf Jahrhunderte Randdasein und bewahrten sich ihre rassische und kulturelle Reinheit. Sie trugen ihre Heimat in sich, lebten in engster Bindung an den Familienclan. Ihr Wanderleben ließ sie jeden Aufenthalt auf Erden als ein Provisorium betrachten und machte sie gegenüber der spanischen Lebensweise gleichgültig, oft verachtend, was wiederum bei den *payos*, den Nichtzigeunern, Mißtrauen und Vorurteile entstehen ließ.

Daß zwischen der Polizei, der Guardia Civil, und den Zigeunern offene Feindschaft herrschte, war eine natürliche Folge.

Im November 1919 wurden in den Bergen der Sierra Nevada bei einer Auseinandersetzung zwei Zivilgardisten von Zigeunern getötet. Die Schuldigen wurden schnell ausfindig gemacht, verhaftet und gefesselt auf Maultieren nach Granada gebracht. Dort waren Federico und sein Freund, der Maler Manolo Ángeles Ortiz, Zeugen dieses Vorfalls. Die Zigeuner waren von den Zivilgardisten brutal zusammengeprügelt worden, waren blutüberströmt und sahen so entsetzlich aus, daß Manolo ohnmächtig wurde. Weder er noch Federico konnten diese Szene jemals vergessen. In der »Romanze von der spanischen Guardia Civil« ruft Lorca diese Erinnerung wieder wach und kleidet sie in eine Fabel:

Die Zigeuner feiern in einer magischen Mondnacht Weihnachten, ein Weihnachten, wie es sich in der kindlichen Traumwelt abspielt. Zu Menschen gewordene Legendenfiguren und phantastische Wesen schweben in einer Überfülle von Geräuschen und Farben traumwandlerisch durch die imaginäre Stadt der Zigeuner. Im ganzen Ort herrscht höchste Fröhlichkeit und unschuldige Freude, bis die Guardia Civil in die Stadt geritten kommt, um eine Razzia durchzuführen:

> Nacheinander und zu zweit
> rücken sie zur Feststadt vor.
> Ein Geraun von Immortellen
> dringt in die Patronentaschen.
> Und sie rücken vor zu zweit.
> Zweifaches Gespinstnotturno.
> Himmel ist für sie nur eine
> Schauvitrine voller Sporen.
>
> Schwarze Pferde. Schwarze Eisen.
> Auf den Capas glänzen Flecken,
> die von Tinte sind und Wachs.
> Ihre Schädel sind aus Blei,
> darum weinen sie auch nie.[31]

Die Guardia Civil zerstört die Stadt und tötet die Zigeuner. Die verzweifelten Schreie verlieren sich über den Häusern.

> Langgezogene Schreie flogen
> von Wetterfahnen auf.[32]

Alte Zigeunerfrauen versuchen in den dunklen Straßen mit »schlafenden Pferden« zu fliehen, aber es gibt kein Entrinnen vor der düsteren
Gewalt der Guardia.

> Stadt, o Stadt du der Zigeuner!
> Die Zivilgardisten reiten
> fort durch einen Schweigetunnel,
> während Flammen dich umzüngeln.
>
> Stadt, o Stadt du der Zigeuner!
> Wer wohl deiner nicht gedächte,
> der dich je gesehen hat?
> Suchet sie auf meiner Stirn.[33]

Die Guardia Civil ist eine Polizeitruppe, die Mitte des 19. Jahrhunderts zur Aufrechterhaltung der öffentlichen Ordnung und vor allem,
um die Straßen Spaniens von Räubern zu säubern, gegründet worden
war. Die Männer wohnten in Kasernen außerhalb der Ortschaften,
jeder Kontakt zur Bevölkerung wurde ihnen untersagt, und sie durften
niemals eine Frau aus dem Gebiet heiraten, in dem sie Dienst taten.
Durch die seltsame Form ihrer Hüte aus schwarzem, glänzendem
Leder und durch ihr stets brutales Vorgehen hatte es die Guardia Civil
zu einer traurigen Berühmtheit gebracht. Dem Spanier auf dem Lande
war sie das Symbol der Unterdrückung in einem verhaßten Regime. Sie
stand hinter dem Großgrundbesitzer, der den Landarbeiter zwang, für
eine Pesete am Tag in den Olivenhainen zu arbeiten. Für ihn war die
Guardia ein natürlicher Feind.

Der einfache Leser erkannte sich in der »Romanze von der spanischen Guardia Civil« wieder. Die vertrauten Bilder, die poetische Sprache, die Elemente seiner eigenen Ausdrucksweise miteinbezogen, die
dramatische Geschichte machte ihm klar, welch obskure Macht ihn in
der Realität beherrschte. Er identifizierte sich unwillkürlich mit dem
Zigeuner, dem Symbol der Unterdrückten, der Erniedrigten, der Ent-
rechteten. Er spürte, daß auch er einen Teil dieses Zigeuners in sich
trug, daß hier nicht ein romantisches Zigeunertum besungen wurde,
sondern die Verteidigung der Menschlichkeit gegen die Gewalt. Die
»Romanze von der spanischen Guardia Civil« ist eine lyrische Rebellion gegen jede Art von Unterdrückung und Intoleranz.

So wie die Guardia Civil Lorca dieses Gedicht nie verziehen hatte, so populär hatte es ihn bei der Bevölkerung gemacht. Die Wirkung, die es in einem politischen Sinne hinterließ, war von Lorca nicht beabsichtigt gewesen. »Ich werde niemals politisch sein. Aber ich bin revolutionär, denn es gibt keinen wahren Dichter, der nicht revolutionär wäre«, erklärte er einige Jahre später auf die Frage, ob er Sympathien für eine bestimmte politische Partei habe. »Ich bin und werde immer die Partei der Armen sein, die Partei derer, die nichts haben.« Und: »Kunst muß volkstümlich sein. Immer volkstümlich. Aristokratisch im Geist und im Stil, aber immer und ohne Ende genährt von der Kraft des Volkstümlichen.«

Federico García Lorca besaß einen starken Individualismus, aber instinktiv spürte er eine Solidarität mit den Außenseitern der Gesellschaft, ein »mitfühlendes Verständnis für die Verfolgten ... Für den Zigeuner, den Neger, den Juden ..., den Morisken, die wir alle in uns tragen.«[34] Denn als Homosexueller war auch Lorca ein Außenseiter. Aber es war seine Tragik, daß er sich nicht wie der Zigeuner, der außerhalb der Gesellschaft, der Gesetze und der sozialen Konventionen lebte, von dieser Gesellschaft absondern konnte, die ihn nicht akzeptieren wollte, wie er war.

In allen wichtigen Literaturzeitschriften wurden die »Zigeunerromanzen« gerühmt, so zum Beispiel in der »Gaceta Literaria«: »Federico García Lorca hat mit den Pfeilen seiner Romanzen so viele empfindsame Stellen getroffen, und auf ihre Art hat jede dieser empfindsamen Stellen geantwortet.« Oder in der Zeitung »El Sol«: »Spanien hat wieder einen großen Poeten, der Poet, der fehlte, seit Antonio Machado und Juan Ramón Jiménez verstummten.«

Den Dichter umgab ein Rausch der Begeisterung, doch er verfiel mitten im Triumph in eine tiefe Depression. Alles um ihn herum lachte, aber Federico vergrub oft den ganzen Tag seinen Kopf in den Kissen.

In einem Brief an Jorge Zalamea schrieb er: »Ich bin in diesen Tagen mit festem Willen über einige der schmerzlichsten Augenblicke meines ganzen Lebens hinweggekommen. Du kannst Dir nicht vorstellen, was es heißt, ganze Nächte auf dem Balkon zu verbringen, ein nächtliches Granada vor Augen, leer für mich, und auch ohne nur den geringsten Trost. Und dann ... Sorg beständig dafür, daß Dein Zustand nicht in Deine Dichtung eindringt, denn sie würde Dir den bösen Streich spielen, Dein Reinstes vor den Augen derer auszubreiten, die es *nie* sehen dürfen ... Ich will unbedingt meine Intimität. Wenn ich die alberne

Page – Ich schrieb dir, und du hast mir nicht geantwortet

Fama fürchte, ist es just deswegen. Der berühmte Mensch erfährt die
Bitternis, eine fröstelnde, von den Blendlaternen, welche die anderen
auf ihn richten, durchbohrte Brust zu ertragen.«[35]

Federico García Lorca hatte diesen Brief in einer Zeit geschrieben,
in der er nicht einmal mehr sein Klavier anrührte, seine Gedichte nicht
mehr vorlas und in seiner Traurigkeit nur noch die Einsamkeit suchte.
War es das Gewicht seines Werkes, das auf ihm lastete? Lag der Grund
nur in der Angst vor dem Verlust seiner Intimität und dem Kater nach
dem Erfolg? Es ging um mehr, es ging um Salvador Dalí.

Im September 1928 hatte Federico einen Brief von Salvador Dalí
bekommen, in dem er Lorca wegen seiner traditionellen Haltung in sei-

ner Poesie, vor allem der »Zigeunerromanzen«, kritisierte: »Du hältst vielleicht einige deiner Bilder für gewagt oder glaubst an eine gewisse Dosis Irrationalität in deinen Sachen, aber ich kann dir sagen, daß deine Poesie sich in der Illustration der stereotypischsten und gängigsten Allgemeinplätze erschöpft . . .«

Salvador Dalí befand sich in jener Zeit in offener Rebellion gegen die Realität. Längst verfolgte er mit fanatischem Eifer sein Kunstkonzept des Surrealismus und legte sich mit jedem an, der seinen Standpunkt nicht mit ihm teilte.

Vergeblich hatte Federico versucht, Salvador nach Granada einzuladen, aber Dalís Blick war längst nach Paris gerichtet, dem Zentrum der surrealistischen Künstler. Aber es gab auch noch einen weiteren Grund, warum Dalí sich von Federico zurückzog.

»Einmal saßen wir mit mehreren anderen in einem Literatencafé zusammen«, erinnert sich Dalí. »Lorca war wie immer im Mittelpunkt, er glänzte und brillierte. Plötzlich konnte ich es nicht mehr ertragen und rannte davon. Zum ersten Mal fühlte ich, was es heißt, eifersüchtig zu sein.« Der in seinem Innersten fast krankhaft schüchterne Dalí spürte wohl, daß er trotz seiner Versuche, sich mit provokativen Skandalen und zur Schau gestelltem Selbstbewußtsein in den Mittelpunkt zu spielen, niemals die Beliebheit und menschliche Achtung erlangen würde, wie sie Lorca genoß.

Auch Luis Buñuel, Federicos Freund aus der Residencia und der spätere große Filmemacher, glaubte sich so sehr im Besitz der surrealistischen Wahrheit, daß er seinen Freund, der diesen Glauben nicht mit ihm teilte, sogar öffentlich lächerlich machte. Buñuel und Dalí dagegen fühlten sich immer enger verbunden: Gemeinsam erarbeiteten sie auch das Drehbuch für Buñuels ersten Film »Ein andalusischer Hund«, bei dessen Titel sie sich »vor Lachen krümmten«. Schon in der Residencia pflegten Dalí, Buñuel und andere Kameraden die andalusischen Dichter, die »gegenüber der revolutionären Poesie unsensibel« waren, »andalusische Hunde« zu nennen. Sie stellten sie als traditionelle Volkspoeten hin, belächelten sie als eine Art einfältiger Heimatdichter. Allen voran stellten sie ausgerechnet den, auf den dieser Vorwurf am wenigsten zutraf, den Universellsten aller spanischen Dichter – Federico García Lorca. Als Federico von dem Filmvorhaben erfuhr, fühlte er sich grausam verraten, überzeugt davon, daß seine intimsten Freunde öffentlich über ihn lachten.

Eine turbulente Zeit ging für Lorca mit diesen Freundschaften zu

Ende, die Zeit der Residencia in Madrid, wo man in den zwanziger Jahren wie auf einem Pulverfaß lebte, was die künstlerischen Aktivitäten betraf. Und inmitten dieser explosiven Atmosphäre, auf dem Höhepunkt seines Erfolgs, stand ein Lorca, der sich alleingelassen fühlte wie noch nie und der mit seinem Ruhm nicht fertig wurde. »Es hat in mir eine echte Traurigkeit erzeugt, meinem Namen an jeder Ecke zu begegnen. Es ist, als hätten sie mir das Leben meiner Kindheit entrissen und als hätten sie mich in eine Verantwortung gedrängt, die ich nicht haben will, wo ich mich doch nur danach sehne, in aller Ruhe zu Hause zu sein, etwas Erholung zu genießen und ein neues Werk vorzubereiten.«

Auch ein weiterer innerer Kampf, in dem sich Federico befand, war noch lange nicht ausgefochten. Er sprach davon, daß er sein Herz von der unmöglichen und zerstörerischen Leidenschaft befreien müsse und »vom trügerischen Schatten der Welt, der von einer unfruchtbaren Sonne gesät wird ...«. Welche unmögliche und zerstörerische Leidenschaft mußte Federico bekämpfen? In diesem Bekenntnis läßt sich wohl leicht eine verschleierte Anspielung auf den Kampf des Poeten gegen seine Homosexualität erkennen.

Im Laufe der Zeit hatte sich Federicos Freundschaft mit dem Bildhauer Emilio Aladrén intensiviert, der vielleicht seine große Liebe war. Federicos Freunde versuchten ihn davon zu überzeugen, daß Emilio, den sie für einen mittelmäßigen Bildhauer hielten, ihn nur seines Ruhmes wegen benutzte, um als Künstler vorwärtszukommen. Tatsächlich hatte sich Federico sehr für Emilio als Künstler eingesetzt, doch auch Emilio entfernte sich von Federico auf dem Höhepunkt seiner Krise. So verlor er nicht nur seine engsten Freunde, sondern auch gleichzeitig den Geliebten.

Um gegen seine Verzweiflung, Traurigkeit und Einsamkeit anzukämpfen, bot Federico seine ganze Willensstärke auf und arbeitete fieberhaft. Auch kehrte er zeitweise zu seinem christlichen Glauben zurück, in dem er aufgewachsen war, um diese tiefe Krise zu überwinden. Lorca war im Sinne der katholischen Kirche kein Gläubiger, er folgte nicht ihren Praktiken, aber er hatte trotz seines jugendlichen Aufbegehrens gegen den christlichen Gott einen ästhetischen Sinn für alles Religiöse bewahrt. Zum Beispiel besuchte er gerne auf Reisen pompöse Sonntagsmessen; das mystische Spektakel vermittelte ihm ein Gefühl von ewiger Unvergänglichkeit.

Schon seit einiger Zeit arbeitete er an dem Gedicht »Ode an das Allerheiligste Altarsakrament«, dessen Komposition ihm sehr viel

Mühe bereitete. »Es ist äußerst schwierig«, schrieb er an Jorge Zalamea, »aber mein Glaube wird es schaffen … Es bedarf schon all der Heiterkeit, die Gott mir gegeben hat, um all der Konflikte Herr zu werden, die mich in letzter Zeit überfallen haben.«[36]

Während der Osterwoche sind andalusische Städte Schauplatz farbiger Prozessionen, bei denen jede der zahlreichen Bruderschaften mit ihrem Schutzpatron durch die Straßen defiliert. Die »Virgen de las Angustias«, die »Heilige Jungfrau der Ängste«, ist die Schutzpatronin Granadas. In einem Zustand, in dem Lorca von tiefen Ängsten gequält wurde, fühlte er während der Osterwoche 1929 die Notwendigkeit, seine Verehrung für die *Virgen* zu zeigen und vielleicht sogar ihre Hilfe zu erbitten. Barfuß und im Büßergewand marschierte er in der vier Stunden dauernden schweigenden Prozession mit. Am selben Tag noch fuhr er so heimlich, wie er gekommen war, nach Madrid zurück.

Federicos Vater machte sich inzwischen Sorgen um den Zustand seines Sohnes. Während eines Besuchs in Madrid erkundigte er sich bei Federicos Freund Rafael Martínez Nadal: »Was ist mit Federico los?«

»Nichts Schlimmes«, antwortete Rafael, »der Kater vom Erfolg, vielleicht ein bißchen Depression.«

»Meinen Sie, eine Zeit außerhalb Spaniens würde ihm guttun?«

Einige Tage später erzählte Federico voller Freude, daß er mit Don Fernando de los Ríos nach New York reisen und sein Vater ihm die ganze Reise bezahlen würde.

Seit seiner Kindheit hatte Federico nie mehr längere Zeit in Fuente Vaqueros verbracht. Jetzt, kurz vor seiner Abreise nach New York, kehrte er als berühmte Figur, nach dessen Namen die Straße seines Geburtshauses benannt worden war, zurück. Das Dorf hatte inzwischen eine bescheidene Bibliothek eingerichtet, und Federico war von den Dorfbewohnern eingeladen worden, die Eröffnung vorzunehmen.

»Wenn sie mich in Madrid oder sonstwo nach meiner Geburt fragen, sage ich, daß ich in Fuente Vaqueros geboren wurde, damit der Glanz und der Ruhm, der mich trifft, auch auf dieses höchst sympathische, auf dieses moderne, auf dieses liberale Dorf der Fuente fällt«, sagte Lorca in seiner Rede. Der Dichter ehrte seinen Geburtsort mit einer Hommage, aus der tiefe Solidarität klang und Sorge um Kultur und Wohlergehen nicht nur seines Dorfes, sondern des ganzen spanischen Volkes. Unter der Diktatur war sich Lorca der politischen Probleme bewußter geworden, und die Ansprache vor den Bewohnern von Fuente Vaqueros hatte eindeutig einen didaktischen Akzent: »Die sozialen Fortschritte und die Revolutionen werden mit Büchern gemacht.«

Bereits einige Wochen zuvor hatte Lorca zusammen mit vierundzwanzig anderen Schriftstellern ein Dokument unterzeichnet, mit dem sie ausdrücklich ihre »apolitische« Haltung aufgaben, ihre Unzufriedenheit mit dem Regime des Diktators und ihren Wunsch nach einem neuen und hoffnungsvollen Spanien ausdrückten.

Drei Wochen nach dieser kurzen Reise in die Vergangenheit befand sich Lorca bereits auf dem Atlantik.

Der Dichter in New York

(1929–1930)

Eine der wenigen Zeichnungen, die Federico aus New York mitbrachte, zeigt sein ausdrucksloses Gesicht mitten in den Betonschluchten der Wolkenkratzer. Die Wurzeln, die von ihm ausgehen, prallen an den glatten Glasfronten ab. Am unteren Bildrand eine welkende Blume und verkümmerte Tiere.

Bereits vor seiner Ankunft in New York, noch auf dem Ozeandampfer, fühlte sich García Lorca »deprimiert und voller Heimweh«, wie er an Carlos Morla Lynch schrieb.

»Ich habe Hunger nach meiner Heimat und Deinem Salon. Sehnsucht nach den Plaudereien mit Euch und danach, Euch alte spanische Volkslieder zu singen. Ich weiß nicht, warum ich weggefahren bin; ich frage mich das hundertmal am Tag. Ich betrachte mich im Spiegel meiner engen Kabine und erkenne mich nicht wieder. Ich komme mir wie ein anderer Federico vor.«

New York, nach dem er sich als Fluchtort so gesehnt hatte, war für Lorca ein tiefer Schock. »Niemand kann sich eine Vorstellung von der Einsamkeit machen, die ein Spanier dort spürt. Die beiden Elemente, die dem Reisenden sofort auffallen, sind: übermenschliche Architektur und ein wütender Rhythmus, Geometrie und Beklemmung. Auf den ersten Blick kann der Rhythmus als etwas Fröhliches erscheinen, aber wenn man den mechanischen Ablauf des sozialen Lebens und das schmerzliche Sklaventum des Menschen und die Maschine zusammen betrachtet, versteht man jene typische leere Angst, und die Flucht selbst in das Verbrechen oder das Bandentum wird verzeihlich.« So Federicos Kommentar aus der Distanz von einigen Jahren über seinen in New York entstandenen Gedichtzyklus »Der Dichter in New York«.

Federico ließ sich erst einmal im 16. Stock der John Hay Hall nieder, dem Studentenhaus der Columbia University, von der er eine Art Stipendium erhalten hatte. Anfangs gab er an, er sei gekommen, um zu studieren, und schrieb sich für einen Englischkurs für Ausländer ein. Nach einer Woche etwa ließ er das Studieren dann wieder sein, nachdem er einigermaßen gelernt hatte, die Aussprache und die Gesten seines Englischlehrers zu imitieren, überzeugt davon, jetzt genügend Englisch zu kennen. Doch in Wirklichkeit beschränkte sich sein Wissen auf ein paar Sätze mit fürchterlich andalusischem Akzent.

Die Einsamkeit und Traurigkeit, die Federico aus Spanien mitgebracht hatte, intensivierte sich in der Orientierungslosigkeit der maschinenhaften Stadt New York. Gequält von der *pena negra* seines Alleinseins machte er sich auf zu zahllosen Spaziergängen durch die riesige Stadt. »Ich, allein und erschöpft von der riesigen Leuchtschrift des Times Square, fliehe in dieses kleine Gedicht von der riesigen Armee von Fenstern, hinter denen nicht ein einziger Mensch Zeit hat, einer Wolke nachzusehen, oder sich mit einer dieser köstlichen Brisen zu unterhalten, die das nahe Meer herüberschickt, ohne eine Antwort zu erhalten.« Die graue Betonlandschaft New Yorks ließ seine geistige Landschaft aus leuchtenden Farben und dramatischen Bildern verblassen. Es gelang ihm nur noch, Bruchstücke der Wirklichkeit wahrzunehmen. Er sehnte sich danach, den Sonnenaufgang zu betrachten, doch wenn die Morgendämmerung ihr Licht auf den Dächern und in den gläsernen Wolkenkratzern widerspiegelte, sah er nichts, was ihn an die Natur in seiner Heimat erinnert hätte. Die Enttäuschung und die Leere, die er darüber empfand, machten seine Bilder abstrakt und negativ:

> Die Morgenröte kommt, doch niemand läßt sie ein
> in seinen Mund: Dort gibt es nicht Morgen und nicht
>   Hoffnung.[37]

Befremdet betrachtete er die Menschen im Vergnügungspark von Coney Island, in dem sich an den Sonntagen im Sommer mehr als eine Million Menschen »erholten«. »Sie trinken, schreien, essen, wälzen sich im Sand und hinterlassen das Meer voller Zeitungen und die Straßen übersät mit Büchsen, Zigarettenstummeln, abgelaufenen Schuhen ohne Absätze. Dann kehrt die ganze Masse singend vom Park zurück und kotzt zu Hunderten aufgestützt auf die Balustrade und pißt zu Tausenden an die Ecken, an verlassene Boote und auf das Monument von Garibaldi oder des unbekannten Soldaten.« In dem Gedicht »Landschaft von der Menge, welche sich erbricht (Es wird Nacht über Coney Island)« sagt er:

> Es ist nicht das Erbrechen des Husaren auf der Hure
>   Brüste,
> nicht das Gespei der Katze, die einen Frosch
>   unachtsam hat verschluckt.

> Es sind die Toten, die mit ihren erdgewordenen Händen
> an den Toren
> aus Kieselsteinen kratzen, wo Wolken und
> Desserts verfaulen.[38]

García Lorca kam in ein Amerika, das sich mitten in den Wirren der Weltwirtschaftskrise befand. Von Finanzen und wirtschaftlichen Zusammenhängen hatte Federico keinerlei Vorstellung, aber die Wall Street, Weltzentrum des Geldes, erschien ihm mit oder ohne Krise als Sinnbild der Kälte und Grausamkeit. »In Strömen gelangt das Gold aus allen Teilen der Welt hierher, und der Tod kommt mit ihm. An keinem anderen Ort der Welt spürt man die Abwesenheit jeglichen Geistes so wie dort.« Wall Street war für ihn die Stätte, wo der »Tanz des Todes« stattfand, so der Titel eines Gedichts aus dem New Yorker Zyklus:

> Die Toten sind so eingepreßt, daß ihre eigenen Hände sie
> verschlingen.
> Die andren sind's, die mit der grassen Maske und nach
> ihrer Leier tanzen;
> die andren sind's, die Silbertrunkenen, die kalten
> Menschen,
> die da gedeihn, wo Schenkel sich und harte Flammen
> kreuzen,
> die in der Treppen Landschaft nach dem Wurme suchen,
> die in der Bank gestorbner Mädchen Tränen trinken,
> auch die wohl, welche an den Ecken winzige
> Morgengrauenpyramiden essen.[39]

In dieser Vielfalt von Eindrücken und Empfindungen und dem beklemmenden Rhythmus mechanisierter Eile versuchte Federico wieder einmal, in seiner Kindheit Zuflucht zu finden:

> Von damals meine Augen von neunzehnhundertzehn,
> die haben nicht gesehn, wie man die Toten eingrub,
> das Aschenfest nicht dessen, der weint ums
> Morgengrauen,
> das Herz nicht, das, verlassen, erbebt: vergessenes kleines
> Seepferd.[40]

Auf der Suche nach sich selbst, nach seiner Freude und nach Menschen, die noch nicht von dieser automatisierten und geistlosen Welt verformt waren, mußte er zwangsläufig auf die einzigen statischen Wesen in dieser dynamischen Welt treffen: die Neger, jene Bewohner des schwarzen Viertels Harlem.

»Mit ihrer Traurigkeit sind sie zur geistigen Achse dieses Amerika geworden ... Sie sind das Feinste und Geistigste in dieser Welt ..., weil sie glauben, weil sie singen und weil sie eine vollkommene religiöse Reinheit besitzen, die sie vor all den gegenwärtigen profanen Gefahren rettet ... Der Neger, der so nahe an der reinen menschlichen Natur und der anderen Natur ist ..., zieht selbst noch aus den Hosentaschen Musik! Außer der Negerkunst gibt es in den Vereinigten Staaten fast nur noch Mechanik und Automatismus.«

Die Stadt der Zigeuner in Spanien nannte er »Stadt der Schmerzen«, und jetzt wird Harlem, in dem die »Zigeuner« Amerikas, leben, zu »Ay Harlem! ... Es gibt nicht irgendeine Angst, die deinen hart bedrückten Augen gliche.«[41]

Von ihrer afrikanischen Heimat verschleppt und als Sklaven auf den Baumwollplantagen Amerikas gehalten, hatten die Neger eine ähnliche Geschichte als ethnische Minderheit und gesellschaftliche Außenseiter wie die Zigeuner in Spanien. Auch die Neger hatten den Weißen Musik und Tanz gebracht. Was wäre die amerikanische Musik ohne Jazz, den tiefen Ausdruck der schwarzen Seele? Wahrscheinlich kannte García Lorca die genaue Geschichte der Schwarzen und ihrer Kultur gar nicht, wahrscheinlich hatte er nicht einmal viel persönlichen Kontakt zu den Bewohnern Harlems. Aber das, was er auf seinen endlosen Spaziergängen durch Manhattan sah, wenn er an den Hotels und Wohnhäusern der Weißen vorbeiging, vor deren Eingängen schwarze Männer standen, die man in eine Portiersuniform gesteckt hatte, oder an heruntergekommenen Häusern in Harlem, wo aus allen Ritzen die leidenschaftliche schwarze Musik drang, genügte ihm, seine eigene Vision wiederzuerkennen: die große Erhebung aller lebendigen, wilden, unzähmbaren Dinge, die leiden. Die fast unverfälschte schwarze Kultur, ihr »afrikanischer Traum« und die Leiden, die die Neger in der Welt der Weißen erdulden mußten, übten auf García Lorca eine magische Anziehungskraft aus. An einer politischen, sozialen oder überhaupt realistischen Sicht des Rassenproblems nahm Lorca keinen Anteil. Seine Identifikation mit der leidenden Minderheit war unmittelbar und leidenschaftlich. Während er in den »Zigeunerromanzen«

seine Figuren und Handlungen in farbige Dramatik hüllte, waren die meisten seiner New Yorker Gedichte direkt und nackt – auf eine heftigere Herausforderung eine gewaltsamere Antwort.

Der Neger in seiner »Ode auf den König von Harlem« wird so zu einem gewaltigen Symbol des Hasses und der Rebellion gegen die zerstörerische Zivilisation der Stadt.

»Ich wollte ein Gedicht der schwarzen Rasse in Nordamerika machen und betonen, wie sehr die Neger darunter leiden, in einer so andersartigen Welt Neger zu sein, weiterhin Sklaven, und zwar der Erfindungen des weißen Mannes und aller seiner Maschinen ... Ich sprach für diese dem Paradies entrissenen Leiber, dirigiert von Wucherern mit eisiger Nase und vertrockneter Seele, und ich protestierte gegen diese traurige Tatsache, daß die Neger nicht Neger sein wollen, daß sie Pomaden erfinden, um die wunderbare Kräuselung ihres Haares zu glätten ...«

Lorca war ein Mensch der reinen Intuition, und wenn er die mechanische Zivilisation anklagte, war darin auch seine instinktive Abneigung gegen jede Art von Vernunft enthalten, die geistigen Normen unterworfen war, die den Geist in Schablonen pressen wollte. New York, die Stadt vom Reißbrett, erschien ihm wie eine mathematische Gleichung. Immer mehr sehnte er sich nach der Rückkehr der wilden Natur, in der es kein System gibt, in der Dramatik und Chaos herrschten.

Der »Schrei gen Rom« vom Chrysler Building herab ist eine Anklage gegen die entmenschlichte Zivilisation des Geldes:

> Soll schreien mit derart zerrissener Stimme,
> bis, kleinen Mädchen gleich, die Städte zittern,
> und die Gefängnisse des Öls und der Musik zerbersten,
> denn unser täglich Brot ist's, was wir wollen,
> denn daß der Erde Wille, wollen wir, geschehe,
> die ihre Früchte gibt für alle.[42]

Der New-York-Aufenthalt war für Federico in erster Linie eine persönliche Erfahrung, »die wichtigste in meinem Leben«, wie er später sagte. Besonders denkwürdige Ereignisse gab es während der zehn Monate in New York nicht. Im Sommer pflegte er Kontakt zu einigen spanischen Freunden, mit denen er sein kleines Madrid um sich versammelte, und den Spanischstudenten der Universität brachte er alte Volkslieder bei.

Selbstporträt in New York

Ende des Sommers zerstreute sich diese spanische Kolonie, und Federico fuhr nach Vermont, um einen amerikanischen Freund zu besuchen.

Typisch für Lorca war seine panische Reaktion auf eine neue Umgebung. Panik übermächtigte ihn zum Beispiel, als er vor der Abfahrt mitten im Gewühl der Grand Central Station stand. Halb gespielt, halb echt machte er mit Ausrufen und dramatischen Gesten seiner Angst Luft und beruhigte sich erst wieder, als ihm der Freund, der ihn zum Bahnhof gebracht hatte, versicherte, der Schaffner habe ihm versprochen, daß er ihn gesund und wohlbehalten an seinen Bestimmungsort bringen werde.

Nicht weniger typisch war bei einer anderen Reise in diesem Sommer seine Ankunft bei seinem Freund Angel del Río, der seine Ferien auf einer kleinen Farm in den Catskill Bergen im Staat New York verbrachte. Mit Lorcas Unfähigkeit schon vertraut, was praktische Dinge betraf, hatte er ihm genauestens beschrieben, welchen Bus er nehmen sollte, um zu seiner Farm zu gelangen. Aber an dem Tag, an dem Federico erwartet wurde, traf weder ein Lorca noch ein Telegramm ein. Angel und seine Frau begannen sich schon Sorgen zu machen, als sie in der Abenddämmerung ein Taxi den staubigen Weg zur Farm entlang holpern sahen. Der Fahrer schaute ziemlich mürrisch drein, und Federico rief seinen Freunden noch vom Auto aus halb entsetzt, halb vergnügt zu, er habe sich am Bahnhof ganz einfach in ein Taxi gesetzt, ohne dem Fahrer eine genaue Adresse geben zu können. Und so hatten sie eine Runde nach der anderen auf den Landstraßen gedreht, bis ein Nachbar sie endlich auf den richtigen Weg schicken konnte. Das Taxometer zeigte eine hohe Summe an. Da Federico schon alles Geld ausgegeben hatte, mußte Angel das Taxi bezahlen und die Wut des Fahrers besänftigen.

In den zwei Wochen, die er auf der Farm verbrachte, schrieb Federico die meiste Zeit, oder er las seinen Freunden vor. Außer an den New Yorker Gedichten arbeitete er an einer ganzen Reihe von anderen Ideen, deren Gestalten und Handlungen in seiner Heimat angesiedelt waren und die er schon lange im Kopf hatte.

Nach dem Aufenthalt auf dem Land hatte New York für Lorca etwas an Schrecken verloren. »Danach ... wieder der frenetische Rhythmus New Yorks. Aber es überrascht mich jetzt nicht mehr, ich kenne den Mechanismus der Straßen, spreche mit den Leuten, dringe tiefer in das soziale Leben ein.« Doch dachte er immer öfter daran, in sein ruhiges Granada zurückzukehren.

Genau zu diesem Zeitpunkt erreichte ihn eine Einladung der »Institución Hispano-Cubana de Cultura«, für die er in verschiedenen Städten Kubas Vorträge abhalten sollte. Er sagte, ohne zu zögern, zu.

Das Schiff entfernte sich von New York, entfernte sich noch weiter von Europa und von Spanien, aber als er sich Kuba näherte, hatte Federico das Gefühl, seine Heimat anzusteuern. »... Palmen und Zimt, die Düfte Amerikas, das noch seine Wurzeln hat, ein Amerika Gottes, das spanische Amerika. Aber was ist das? Wieder Spanien? Wieder weltweites Andalusien?« Ende April 1930 stieg der Dichter in Havanna vom Schiff und war wieder bei sich. »Das Gelb von Cádiz, nur einen Ton greller, Sevillas Rosa, das fast zu Karminrot wird, und das granadinische Grün, das leicht phosphorisziert wie ein Fisch.«[43]

In New York hatte sich Federico trotz seiner vielen Freunde sehr allein gefühlt. In Kuba hingegen strahlte ihm das offene Lachen des Spaniens der Südsee entgegen, fand er offene Arme und offene Häuser. Zwei Monate reiste er mit wiedergewonnener Lebensfreude durch die Insel und erzählte den Kubanern vom Cante Jondo und andalusischen Dämonen. Die Kubaner antworteten ihm mit den fremdartig vertrauten Klängen der Antillen.

»Theater ist Dichtung, die menschlich wird«

(1931–1935)

Das dritte Jahrzehnt begann für Spanien mit sehr viel Elan und Hoffnung. Der Diktator, der das Land seit 1923 unter seiner Knute gehalten hatte, fühlte sich der Opposition, die ihn von allen Seiten bedrohte, nicht mehr gewachsen und warf die Flinte aus gesundheitlichen Gründen ins Korn. Der König, den er gedeckt hatte, stand noch hilfloser da als zu Beginn der Diktatur. Er verlor sich in seinen eigenen Überlebensmanövern, und den neuen Diktator, den er dem Land vorsetzen wollte, konnte schon niemand mehr ernst nehmen. Jedermann spürte, daß dem ungeliebten König und der Monarchie niemand mehr eine Träne nachweinen würde, und die Menschen atmeten bereits den ersten frischen Wind der Veränderung ein. »Viva la República!« war überall zu hören.

Nun würden die so lange herbeigesehnten neuen Zeiten anbrechen. In diesem fruchtbaren Land würde nicht mehr ein großer Teil der Bevölkerung hungern müssen, nur weil fast das ganze Land einigen wenigen Grundbesitzern gehörte. Die jungen Spanier würden in der Schule nicht länger von korrupten Priestern mit dem Katechismus malträtiert, in dem zu lesen war, daß es eine Todsünde sei, den Kandidaten der liberalen Partei zu wählen.

Das öffentliche Leben in Madrid widmete sich nur noch dem einen Thema, in den Cafés schloß man Wetten, wie lange sich der König wohl noch halten könne, einen Monat, zwei Monate...? Miguel Unamuno, der führende Denker Spaniens, war vom Diktator in die Verbannung geschickt worden, um ihm klarzumachen, daß sich ein Philosoph nicht in die Politik einzumischen habe. Der kehrte nun aus seinem unfreiwilligen Exil zurück und hielt glühende Reden vor seinem erwartungsvollen Publikum. Es verging kein Tag, an dem nicht überschwengliche Demonstrationen unter dem begeisterten Beifall der Menschen am Straßenrand und auf den Balkonen die Gran Via entlangmarschierten. Der revolutionäre Geist machte sich in Streiks Luft, meist von Auseinandersetzungen mit der Polizei begleitet. Das Wort *mañana*, morgen, der gelassene Ausdruck der Spanier, daß morgen auch noch ein Tag sei, bekam plötzlich einen anderen Inhalt: der Morgen einer neuen und besseren Zukunft.

In dieses Madrid der Aufbruchsstimmung kehrte im Sommer 1930 ein García Lorca zurück, der sein inneres Gleichgewicht wieder gefunden und seine Depression in »fremden Wassern« auskuriert hatte, dessen kreativer Elan schwungvoller war als je zuvor. Er war sich seiner bewußter geworden, hatte den Erfolg inzwischen verdaut. Die verschiedenen und widersprüchlichen Seiten seiner Persönlichkeit waren nach wie vor lebendig, die Freude war nicht weniger geworden, die Traurigkeit und Einsamkeit auch nicht, aber beides hatte sich miteinander versöhnt.

Federico hatte ein anderes Land verlassen, als das Land, in das er jetzt zurückkehrte. Auch er konnte sich der gespannten politischen Erregung nicht entziehen und wünschte sich die Republik, aber er verfolgte die Ereignisse auf seine Weise, die eher poetisch als politisch und logisch war.

Gleich in den ersten Tagen nach seiner Ankunft in Madrid saß er zum Beispiel mit seinem Freund Rafael Martínez Nadal auf der Terrasse eines Cafés, als eine ausgelassene Demonstration, die für die Republik marschierte, an ihnen vorbeizog. Rafael schlug vor, sich den jungen Leuten anzuschließen. »Zu meiner großen Überraschung stand er sofort auf. ›Ja, ja, gehen wir, wir müssen gehen.‹ Arm in Arm mit noch einem Freund, den wir trafen, marschierten wir an der Spitze des Zuges mit. Plötzlich tauchten etwa zweihundert Meter vor uns wie herbeigezaubert zwanzig Zivilgardisten auf und versperrten uns den Weg. Es fielen einige Schüsse. Alles lief in Panik davon. Ich rannte in die nächste Seitenstraße, und als ich mich außer Reichweite der Gewehre befand, drehte ich mich um und sah zurück. Mitten auf dem verlassenen Boulevard, allein, ein Taschentuch in der Hand, marschierte Federico weiter, so gut es ihm seine kleine Behinderung erlaubte. Einige Stunden später, wir saßen inzwischen wieder im Café, war Federico immer noch ganz aufgebracht und wütend: ›Dieses Regime muß fallen! Mörder von Studenten und Poeten!‹«

Federico hatte nach seinem New-York-Aufenthalt viel zu berichten, aber als er begann, dem Madrider Zirkel seine Verse vorzutragen, antworteten sie ihm mit Politik. So zog er sich erst einmal in sein Granada zurück, wo sich sein Weg vom Bahnhof gleich mit dem eines Freundes kreuzte.

»Du bist wohl zum Protestanten geworden!« rief der ihm entgegen, als er ihn mit seiner breiten, bunten Krawatte und dem weißen Drillichanzug sah.

»Ich bin immer noch derselbe«, antwortete Federico, »Asphalt und Benzin kamen nicht mit mir zurecht.«

Sein erster Gang war ins Café Alameda, wo er zwar das Piano, die Geigenspieler und die abgewetzten Sessel vorfand, aber keine »Rinconcillistas«; die Augusthitze hatte sie alle zerstreut. Also fuhr er nach Hause in die Huerta San Vicente und erzählte seiner Familie, wofür die Madrider Freunde im Augenblick kein Ohr hatten: von Wolkenkratzern und Negern, von »den Geschäften, die sich Arzneiläden nennen und Kaffee, Kämme, Seifen, Zahnstocher und manchmal sogar Schuhe verkaufen«, und er versuchte, ein paar Sätze in Englisch vorzuführen.

Den Rest des Sommers verbrachte er damit, im Schatten der Feigenbäume der Huerta an seinen New Yorker Gedichten zu feilen, Briefe an die Freunde zu schreiben, sich auf eine neue Etappe in Madrid vorzubereiten.

Die nächste Zeit im Leben García Lorcas war vorwiegend dem Theater gewidmet, der Produktion seiner eigenen Stücke und der Arbeit als Theaterregisseur. Die Lyrik hatte er deswegen zwar nicht aufgegeben, aber die Liebe zum Theater wurde stärker.

»Was überwiegt bei Ihnen? Das Lyrische oder das Dramatische?« wurde er einmal von einem Journalisten gefragt. »Zweifellos das Dramatische«, war seine Antwort. »Mich interessieren die Menschen, die eine Landschaft bewohnen, weit mehr als die Landschaft. Eine Viertelstunde lang kann ich einen Berg betrachten, aber dann renne ich davon, um mit dem Hirten oder dem Holzfäller dieses Berges zu sprechen.«[44]

Er betrachtete das Theater als eine Erweiterung der Poesie, nicht als ihren Gegensatz: »Theater ist Poesie, die aus dem Buch steigt und menschlich wird, wobei sie spricht und schreit, weint und verzweifelt. Das Theater braucht Gestalten auf der Bühne, die ein poetisches Gewand tragen und zugleich ihre Knochen, ihr Blut erkennen lassen. Sie müssen so menschlich, so entsetzlich tragisch dem Leben und dem Tag mit solcher Kraft verbunden sein, daß sie ihren Verrat zeigen, daß man ihren Geruch wahrnimmt und daß die volle Kraft ihrer Worte der Liebe oder des Ekels über ihre Lippen kommt.«[45] Seinem Stück »Die wundersame Schustersfrau«, dem er selbst den Untertitel »Gewaltsame Farce in zwei Akten und einem Vorspiel« gab, wurde von der Kritik eben dieser Anspruch bescheinigt, als es an Weihnachten 1930 in

Madrid uraufgeführt wurde. »Ein Stück von unglaublicher Vitalität, starken Charakteren und konfliktreichen Emotionen.«

Das Haus von Carlos Morla Lynch und seiner Familie wurde für Federico eine Art zweites Zuhause. »Federico kommt jetzt fast jeden Tag, jedoch ohne ein festes Programm. Er kommt und geht, er bleibt zum Mittagessen oder zum Abendessen – oder beides –, hält Siesta, setzt sich ans Klavier, öffnet es, singt, schließt es wieder, liest uns ein Gedicht vor, geht … kommt wieder … Hier ist er ganz er selbst, frei von allen Konventionen und so grundlegend offen«, berichtete Carlos in seinem Buch über Federico.

Und Federico seinerseits: »An eurer Seite fühle ich mich vom Leben erleichtert, und es schwindet die Angst, die ich vor ihm habe.« Die Angst vor dem Leben begleitete ihn noch immer, die Angst vor dem Unerwarteten, das plötzlich das ganze Leben verändern konnte.

»Aber das Unerwartete kann uns auch ein neues Glück bringen, mit dem wir nicht gerechnet haben«, philosophierte Carlos.

»Dies sind die Hoffnungen der unglücklichen Wesen. Die Vorstellung einer unvorhergesehenen Veränderung bedeutet für die, die sie sich nicht wünschen, weil sie glücklich sind, eine Tragödie«, antwortete ihm Federico.

Federico war ein glückliches Wesen. Aber wie man nicht immer gesund sein kann, wie es kein Licht ohne Schatten gibt, brauchte auch Federico seine Momente der Angst und der Traurigkeit. Carlos nannte es die »glücklichen Traurigkeiten« Federicos.

Im Hause von Carlos war er frei davon, und hier lebte er seine Anarchie am ausgelassensten. Oft saß er die halbe Nacht mit Freunden zusammen, unterhielt sich, machte seine Scherze, las vor, und plötzlich, von einem Moment auf den anderen, sagte er: »Ich muß jetzt gehen«, und schon war er weg.

Eines Nachts, Anfang November 1931, kam er wie ein ungestümer Wirbelwind voll überschäumender Euphorie hereingestürmt. Er hatte eine neue Idee. Um das »spanische Theater zu retten«, wollte er ihm ein Publikum geben: das Volk. Er stellt sich eine Art tragbares Theater, ein Wandertheater vor, das über die holprigen Wege Kastiliens und Andalusiens die Stücke von Cervantes, Calderón de la Barcas, Lope de Vegas in die Dörfer tragen sollte. Federico schwebte in den Wolken.

»Und mit welchen Mitteln willst du diesen faszinierenden Plan verwirklichen?« fragte Carlos. »Unglücklicherweise kostet alles Geld.«

»Darum werden wir uns später kümmern«, antwortete Federico. »Das sind Details.«

Gott bewahre ihm diesen beneidenswerten Glauben an sich selbst, dieses Selbstvertrauen und diesen strahlenden Optimismus, den alles, was er sich vornimmt, begleitet, dachte Carlos in jener Nacht.

Federico hatte auch schon einen Namen für sein Theater: »La Barraca«, ein vor allem in Andalusien gebräuchlicher Ausdruck für schnell aufzubauende Konstruktionen aus Holz, in denen Veranstaltungen aller Art abgehalten werden.

Im April 1931 fanden die Wahlen statt. Jedermann wußte, daß die Wahlen eine Abstimmung für oder gegen die Monarchie sein würden. Gespannt warteten die Menschen vor den öffentlichen Gebäuden der Stadt auf die Ergebnisse, und in den Dörfern drängten sich alle um das einzige Radio des Dorfes in der Taverne.

Das Volk hatte den König abgewählt, die Mehrheit der Stimmen fiel auf die neuen liberalen Parteien, und der König verstand dies sehr wohl als Zeichen, daß ihm niemand mehr zur Seite stehen würde. Beleidigt verließ er das Land, »um ihm einen Bürgerkrieg zu ersparen«. Friedlich und ohne Gewalt wurde aus der Monarchie eine Republik, die den Menschen endlich das geben wollte, was ihnen so lange vorenthalten worden war.

Zuerst wollten die neuen Politiker das Land gründlich revolutionieren, und zwar mit den Mitteln der Erziehung. Auch der kulturellen Aktion maß die junge Republik eine hohe Bedeutung bei. Zu lange hatten die Kirche und die politischen Machthaber die Menschen in Ignoranz und Unmündigkeit gehalten. Für die ersten Jahre waren 30000 neue Schulen vorgesehen, und Federicos Theater des Volkes wurde mit großer Begeisterung angekündigt. Federicos Plan rannte sozusagen offene Türen ein, zumal der erste Minister für öffentliche Erziehung Fernando de los Ríos war, Federicos Freund und früherer Universitätslehrer. Es wurden öffentliche Gelder für »La Barraca« zur Verfügung gestellt, einige Lastwagen mit Planen, Kulissen, Dekorationen beladen. Eine Gruppe von etwa dreißig theaterbegeisterten Studenten und Technikern begab sich so auf die Fahrt durch Spanien und ließ sich in der kastilischen Hitze den neuen republikanischen Wind um den Kopf wehen. Zum zweitenmal bekam Federico sein Lieblingsspielzeug geschenkt, dem er sich mit Begeisterung widmete. Nur hatte sich jetzt der Hof hinter seinem Geburtshaus auf ganz Spanien ausgeweitet.

García Lorca wußte, daß die Bauern und Landarbeiter ihre Vorliebe für das Theater nie verloren hatten, daß die einfachen Puppentheater bei Dorffesten oder die dramatischen Gesänge bei religiösen Feiern mit großem Vergnügen praktiziert wurden. Das »unglückliche Land«, das die Gruppe mit ihrer rollenden Bühne durchquerte, hatte Federico damals auf den Reisen mit seinem Literaturprofessor Berrueta kennengelernt. Es hatte den Musiker zum Poeten gemacht. »Überall nichts als Beklemmung, Leere, Armut und Gewalt . . ., und man überquert Felder und Felder, alle rot, alle getränkt mit einem Blut, das etwas von Abel und Kain hat«, hatte er vor fünfzehn Jahren in »Impressionen und Landschaften« geschrieben. Jetzt sollte sein Theater diese »verschwiegenen und vergessenen Dörfer« aufwecken, »auf denen etwas wie Unruhe und gleichzeitig wie Tod lastet . . . Die Kastilier, schon immer Sklaven, sehr fein und zurückhaltend; sie haben Angst vor dem Feudalherrn, und wenn man mit ihnen spricht, antworten sie immer: ›Señor, Señor‹.«

In die Dörfer dieser Unterdrückten und Resignierten brachte García Lorca neben vielen anderen Stücken das Drama der bäuerlichen Revolte, Lope de Vegas’ »Fuenteovejuna«.

Die in die Republik gesetzten Hoffnungen dieser Menschen, die von einer Schule für ihre Kinder träumten, die glaubten, daß die Erde sie in Zukunft ausreichend ernähren würde, vermischten sich mit den Worten des klassischen Dramas. »Fuenteovejuna« geht auf ein Ereignis aus dem Jahre 1476 zurück. Der Herr von Fuenteovejuna, der mächtige Prior des Calatrava-Ordens, raubt, mordet und vergewaltigt nach Herzenslust, bis die Leute des Dorfes sich erheben und ihn umbringen. Isabel und Fernando, die Katholischen Könige, schicken den Richter ins Dorf, um den Schuldigen zu finden. Der Richter unterwirft jeden einzelnen im Dorf einem strengen Verhör. Aber die Antwort auf die Frage: »Wer tötete den Prior?« ist immer dieselbe: »*Fuenteovejuna, todos a una* – Fuenteovejuna, alle für einen.«

Verzweifelt legt der Richter den Königen das Ergebnis seiner Untersuchungen vor. Die Dorfbewohner bitten um Gerechtigkeit und schwören den Königen ihre Ergebenheit. Sie werden erhört und als treue Vasallen akzeptiert.

Der zweite Teil des Dramas, der mit dem Auftritt der Könige beginnt, ist mehr oder weniger eine offene Propaganda für die Monarchie, der nur an Gerechtigkeit und am Wohl des Volkes liegt. Federico ließ in seiner Darstellung diesen Teil weg und hob den sozialen und politischen Aspekt des Dramas hervor, denn schließlich hatte der letzte König ja gehen müssen, gerade weil er unfähig und unwillig gewesen war, den einfachen Leuten Spaniens, also den Menschen von Fuente-ovejuna, Gerechtigkeit widerfahren zu lassen. So wurde vor allem die eine Lektion vermittelt: daß eine Masse, in der alle zur gleichen Zeit zusammenarbeiten – *todos a una* –, unbesiegbar ist.

Lorcas Theaterarbeit wurde auf diese Weise zu einer politischen Waffe innerhalb der republikanischen Bewegung. Obwohl er sich von den politischen Parteien und den Aktivitäten der linken Bewegung fernhielt, wußte er doch sehr genau, was er auf dem Weg über das Theater für sein Volk tun wollte. Anläßlich der Aufführung eines seiner Stücke im Madrider Teatro Español sagte er in seiner Rede: »Ich spreche heute abend weder als Autor noch als Dichter, noch als einfacher Student vor dem reichen Panorama des menschlichen Lebens, sondern als jemand, der von der Glut und der Leidenschaft des Theaters der sozialen Aktion gepackt ist. Das Theater ist eines der ausdrucksvollsten Instrumente zum Aufbau eines Landes und das Barometer, das seine Größe oder seinen Niedergang anzeigt. Ein sensibles und nach allen Seiten hin gut orientiertes Theater, von der Tragödie bis zum Varieté, kann innerhalb weniger Jahre das Empfinden des Volkes verändern; und ein zerstörtes Theater, in dem die Klauen die Flügel ersetzt haben, kann eine ganze Nation verderben und einschläfern.«

Zweifellos waren die Jahre mit »La Barraca« die glücklichsten Jahre in Federico García Lorcas Leben, bewegte Jahre im wahrsten Sinne des Wortes.

»In diesem dramatischen Augenblick, den die Welt zur Zeit erlebt, muß der Künstler mit seinem Volke weinen und lachen. Man muß den Lilienstrauß beiseite legen und bis zur Hüfte in den Sumpf waten, um denen zu helfen, die die Lilien suchen, und ich habe ein wirkliches Verlangen, mich allen mitzuteilen. Deshalb habe ich an die Tür des Theaters geklopft, und dem Theater widme ich meine ganze Empfindsamkeit.«[46]

Sechzig Dörfer besuchte »La Barraca« in gut drei Jahren. Gelegentlich gab es Krawalle mit Monarchisten, aber die Sympathie und Begeisterung, die das Volk dem Wandertheater auf den platanengesäumten Plazas entgegenbrachte, waren dadurch nicht zu dämpfen.

Zentrum von »La Barraca« war die Studentenresidenz in Madrid. Hier wurden die Proben abgehalten, hier wohnten die meisten Schauspieler, die der ansteckenden Begeisterung García Lorcas verfallen waren. In »La Barraca« vereinigten sich die fortschrittlichsten künstlerischen Tendenzen der Zeit, und Lorcas Konzept des Dramas hinterließ einen bleibenden Einfluß auf Spaniens Theater.

Im Juli 1928 hatte Federico in einer Zeitung eine kurze Notiz über ein Verbrechen gelesen, das sich in der Nähe von Almería ereignet hatte. Die Braut war am Tage ihrer Hochzeit mit ihrem Cousin geflohen, um ihren Bräutigam lächerlich zu machen. Der Cousin wurde am selben Abend tot aufgefunden. Jahrelang hatte Federico diese Meldung in seinem Gedächtnis herumgetragen, bis sie sich eines Tages zu seinem berühmtesten Theaterstück geformt hatte: »Bodas de sangre«, »Bluthochzeit«. Wie im Fieber hatte er das Stück innerhalb weniger Tage zu Papier gebracht. Später nahm er nur noch geringfügige Änderungen vor.

Im März 1933 fand die Uraufführung dieser ländlichen Tragödie statt. Lorca selbst hatte mit der Theatergruppe von Josefine Díaz Artigas das Stück inszeniert, denn durch seine Arbeit mit »La Barraca« war er inzwischen zu einem erfahrenen Theaterregisseur geworden.

»Bluthochzeit« ist die Geschichte eines Familienstreits und der von den Eltern arrangierten Hochzeit zwischen dem einzigen Sohn einer Witwe mit der Tochter eines reichen Bauern. Diese war Jahre vorher mit Leonardo verlobt gewesen, aber die Hochzeit war nie zustande gekommen. Leonardo ist inzwischen längst verheiratet, während seine frühere Braut jahrelang gegen ihre Leidenschaft für ihn angekämpft hatte. Jetzt aber will sie den Wunsch ihres Vaters erfüllen, der durch ihre Hochzeit seine Ländereien vergrößern möchte, und den Wunsch der Mutter des neuen Bräutigams, die endlich neues Leben um sich herum spüren will. Aber noch immer kann die Braut die Leidenschaft für Leonardo nicht ersticken.

Braut: Ach, welch ein Wahnsinn! Ich will
          mit dir teilen nicht Tisch und nicht Bett,
          aber keine Sekunde des Tages
          möchte ich von dir getrennt sein.

Leonardo: Ich wollte vergessen und baute
          eine Steinmauer zwischen die Häuser.
          So war es – erinnerst du dich?

Und wenn ich von weitem dich sah,
dann warf ich mir Sand in die Augen.
Aber ich stieg auf das Pferd,
und das Pferd rannte zum Tor deines Hauses.[47]

Auf dem Rücken dieses Pferdes, das schicksalhaft seinen Weg zum Hause der Braut gesucht hatte, fliehen Leonardo und die Braut am Tage ihrer Hochzeit. Sie werden vom Bräutigam verfolgt und eingeholt, und im Kampf erstechen sich die beiden Männer gegenseitig.

Der gewaltsame Tod, der die Vollendung der menschlichen Gefühle verhindert, ist auch in diesem Stück das unausweichliche Ende. Es ist das Thema, von dem Federico besessen war, aber es ist auch ein beständiges Thema in der Vorstellung des andalusischen Volkes: die Dramatik der Lebensumstände, die Leidenschaft und ihre zerstörerischen Konsequenzen in der menschlichen Beziehung wie Eifersucht und Neid, Streit und dann gewaltsamer Tod. Sterben war für García Lorca kein natürlicher Prozeß, sondern etwas, was die Vollendung des Lebens verhindert. Der Tod überrascht uns immer mitten im Leben, und jeder Tod ist in gewisser Weise ein gewaltsamer Tod, die Gewalt ist das wahre Gesicht des Todes.

»Bluthochzeit« wurde ein überragender Erfolg zuteil, auch international, denn von Oktober 1933 bis März 1934 hielt García Lorca sich in Buenos Aires, der argentinischen Hauptstadt, auf. Diesesmal war er nicht auf der Flucht, sondern er inszenierte dort seine Theaterstücke, vor allem die »Bluthochzeit«, mit der er sich im Handumdrehen das Publikum der Stadt eroberte.

»Wo ist mein Grab?«

(1936)

Über Madrid lag im Frühjahr 1936 bedrücktes Schweigen. Es verkehrten keine Taxis, keine Straßenbahnen. Die eisernen Rolläden der Cafés blieben tagelang geschlossen, nur das eine oder andere Geschäft und die Bäckereien öffneten für kurze Zeit ihre Türen, und sofort bildeten sich lange Schlangen von Frauen, die versuchten, Brot für ihre Familien zu besorgen. Allein das vergnügte Geschrei der Kinder, die in den leeren Straßen Ball spielten, hellte die düstere Atmosphäre etwas auf. Was war aus dem heiteren und lebendigen Madrid geworden?

Seit Beginn der Republik hatte sich Spanien gründlich verändert, jedoch nicht im Sinne der optimistischen Hoffnungen, die die Menschen in die neue Republik gesetzt hatten. Die zögernden Politiker der republikanischen Regierung waren nicht in der Lage gewesen, die dringendsten Reformen vorzunehmen. Die Enttäuschung in der Bevölkerung war darüber so groß, daß bei den Wahlen von 1933 eine Regierung von Rechtsparteien gewann, die sofort die wenigen Errungenschaften der Republik rückgängig machte und mit blutigem Polizeiterror jede Opposition unterdrückte. Auch diese Regierung konnte nicht auf Dauer bestehen. Als sich bei den wiederum vorgezogenen Wahlen im Februar 1936 die Volksfront, die Vereinigung aller republikanischen und linken Parteien, und der Wahlblock der rechten Parteien gegenüberstanden, waren im Land bereits zwei unversöhnliche Fronten entstanden. Zwar gewann die Volksfront die Wahlen eindeutig, und nochmals flackerte ein Hoffnungsfunken auf, aber im Grunde genommen gaben die Spanier nichts mehr auf Wahlresultate, denen doch nur schwache, zaudernde oder grausame, unmenschliche Regierungen folgten. Antonio Machado, der große alte Mann der spanischen Poesie, hat die Zerrissenheit des Landes in einem Gedicht ausgedrückt:

> Kleiner Spanier, der du auf die
> Welt kommen wirst, Gott beschütze dich,
> eines der beiden Spanien
> wird dir das Herz gefrieren lassen.

In den Monaten nach den Wahlen von 1936 herrschte in Madrid ein Klima des Aufstands und des Chaos. »Spanien befindet sich seit dem

Februar in offener Anarchie«, meldete der französische »Figaro« im Juni. Die Stadt war zur Kulisse von Attentaten und Mordanschlägen geworden. Auf dem Land verlangten die von einem harten Winter ausgehungerten Bauern und Landarbeiter immer hartnäckiger eine radikale Landreform, sie eigneten sich das brachliegende Land an und lieferten sich blutige Gefechte mit der Guardia Civil. Das Leben in den Städten, vor allem in Madrid, war durch andauernde Streiks lahmgelegt, in deren Folge die Guardia Civil auf die Streikenden schoß, worauf wiederum Attentate auf Polizeioffiziere oder Politiker der Rechten folgten – eine unkontrollierbare Eskalation mit unabsehbarem Ende. Krawalle, Brandstiftungen, Plünderungen waren an der Tagesordnung, allein im Juni 1936 hatte Madrid einundsechzig Tote zu beklagen. Die Regierung stand dem hilflos gegenüber.

Unter solchen Umständen hatte »La Barraca« schon seit Monaten die Arbeit abbrechen müssen. Federico hielt sich seitdem in Madrid auf, das er aber wegen des gewalttätigen Chaos' am liebsten verlassen hätte. Er war hin und her gerissen zwischen seiner Sympathie für die Sache der einfachen Leute und dem Abscheu vor dem blutigen Terror, der seit Monaten in der Stadt herrschte. Die Patrouillen der bewaffneten Guardia Civil und der Lärm der Gewehrsalven der Sturmgarde ließen ihn vor Schrecken erstarren.

> »Vorbei ziehn schwarze Pferde
> und düstre Leute . . .
> und ein und aus
> geht der Tod . . .«[48]

In seiner Dichtung vom Cante Jondo hatte er einst ausgedrückt, was jetzt um ihn herum vorging.

Wegen eines anderen Gedichtes bekam García Lorca die politische Hysterie am eigenen Leib zu spüren. Zu Beginn des Jahres 1936 wurde er vor ein Gericht zitiert, wo er sich wegen seiner »Romanze von der spanischen Guardia Civil« verteidigen mußte.

Jemand hatte ihn acht Jahre nach Veröffentlichung seiner »Zigeunerromanzen« wegen »Verleumdung der Polizeikräfte« angezeigt. »Sie verlangten nichts weniger als meinen Kopf«, berichtete Federico hinterher. »Ich habe dem Richter lang und breit die Absicht meiner Romanze erklärt, meine Vorstellung von der Guardia Civil, von Poesie, von Bildern, vom Surrealismus, von Literatur und ich weiß nicht wieviel Dingen mehr. Das war ein ziemlich intelligenter Mensch, er gab sich damit zufrieden ...« Aber auch beim Innenministerium gingen zahlreiche Protestbriefe gegen das Gedicht und seinen Autor ein.

Das hinderte García Lorca jedoch nicht, auch weiterhin öffentlich seine politischen Sympathien und seinen Wunsch nach Gerechtigkeit auszudrücken. Zum 1. Mai war eine Grußbotschaft von ihm zu lesen: »Ich grüße herzlich alle Arbeiter Spaniens, die an diesem 1. Mai vom überwältigenden Wunsch nach einer gerechteren Gesellschaft vereinigt sind.« Etwa drei Wochen vorher war in der Zeitung »La Voz« ein Interview mit ihm abgedruckt gewesen: »Die Welt ist entschlußlos gegenüber dem Hunger, der die Völker zerstört. Solange das wirtschaftliche Gleichgewicht fehlt, denkt die Welt nicht. Das habe ich sehr deutlich gesehen. Zwei Männer gehen am Ufer eines Flusses entlang. Der eine ist reich, der andere arm. Der eine hat einen vollen Bauch, der andere verunreinigt die Luft mit seinem Gähnen. Und der Reiche sagt: ›Welch ein hübsches Schiff da auf dem Wasser. Schauen Sie, schauen Sie doch die Lilie an, die am Ufer blüht!‹ Und der Arme brummt: ›Ich habe Hunger, ich sehe nichts. Ich habe Hunger, Riesenhunger.‹ Natürlich. An dem Tage, an dem der Hunger verschwindet, wird es in der Welt zur größten geistigen Explosion kommen, die die Menschheit je erlebt hat. Nie und nimmer werden die Menschen in der Lage sein, sich die Freude auszumalen, die am Tage der Großen Revolution ausbrechen wird. Nicht wahr, spreche ich nicht wie ein richtiger Sozialist mit dir?«[49]

Am 19. Juni hatte er gerade sein Drama »Das Haus der Bernarda Alba« abgeschlossen. Am 24. Juni las er diese »photographische Dokumentation«, wie er das Stück bezeichnete, im Kreise von Freunden zum ersten Mal vor. Im Oktober sollte die erste Aufführung sein.

»Das Haus der Bernarda Alba« ist tatsächlich wie eine Photographie ein Stück in Schwarzweiß. Bernarda Alba, Witwe und Mutter von fünf Töchtern, ist eine stolze und tyrannische Frau, deren Haus nach dem Tode ihres Mannes für ihre Töchter zum Gefängnis wird. In ihm welken sie dahin, ohne jemals die Chance zur Heirat zu haben.

»Acht Jahre lang, in denen getrauert werden soll, darf nicht einmal der Wind von der Straße in dieses Haus blasen. Wir tun, als ob wir Türen und Fenster mit Ziegeln vermauert hätten. So war das im Hause meines Vaters und meines Großvaters. Inzwischen könnt ihr anfangen, an eurer Aussteuer zu sticken.«[50] Adela, die jüngste Tochter, rebelliert eines Tages gegen die Diktatur ihrer Mutter und verläßt das Haus, um ihrem Liebhaber zu folgen, mit dem sie immer nur durch das vergitterte Fenster gesprochen hatte. Daraufhin schießt Bernarda auf den Liebhaber. Adela, im Glauben, er sei tot, erhängt sich in der Scheune.

Für Federico war Bernarda Alba eine Kindheitserinnerung aus Valderrubio, dem Dorf, in dem er nach Fuente Vaqueros gelebt hatte. »Im angrenzenden Nachbarhaus wohnte Doña Bernarda, eine sehr alte Witwe, die eine unerbittliche und tyrannische Aufsicht über ihre unverheirateten Töchter führte. Sie waren wie Gefangene, von allem abgeschirmt, und ich sprach nie mit ihnen. Aber ich sah sie wie Schatten vorbeihuschen, immer schweigsam und immer schwarz gekleidet. An der Grenze zum Hof war ein gemeinsamer Brunnen ohne Wasser, und in den stieg ich hinunter, um diese seltsame Familie auszukundschaften, deren rätselhafte Aktivitäten meine Neugierde weckten. Und ich konnte sie beobachten. Es war eine schweigsame und kalte Hölle unter dieser afrikanischen Sonne, ein Grab lebendiger Menschen unter der starren Hand des dunklen Wächters. So entstand ›Das Haus der Bernarda Alba‹, deren Gefangene andalusisch sind, das aber vielleicht ein Schuß von ockerfarbener Erde hat, mehr in Übereinstimmung mit den Frauen Kastiliens.«

Ein paar Wochen später, am 13. Juli, spitzte sich die politische Situation weiter zu. Die republikanische Polizei hatte den Chef der extrem rechten Opposition, Calvo Sotelo, ermordet, ein Vergeltungsschlag für den Tod eines ihrer Offiziere. Jedermann wußte, daß der Konflikt nun zum Ausbruch kommen mußte. Man rechnete mit einem Putsch der Armeegeneräle, nur der Präsident der Republik machte den verhängnisvollen Fehler, dies nicht sehen zu wollen. Statt zu handeln, stützte er sich auf die vage Hoffnung einer sich von selbst ergebenden Lösung.

Abreisen oder nicht abreisen? Diese Frage stellte sich Federico in jenen Tagen hundertmal. »Ich kann dieses Warten auf, was weiß ich, nicht mehr ertragen ... Ich werde nach Granada zurückkehren ..., weil mir hier alles zu kompliziert wird mit dieser Politik, von der ich nichts verstehe und die ich nicht verstehen will. Neulich abends haben sie mir ein privates Fest im Teatro Español organisiert mit Ministern etc. Ich mag das nicht; ich bin ein Freund von allen, und was ich will, ist, daß alle arbeiten und essen. Ich gehe in mein Dorf, um mich von dem Kampf der Cliquen und von den Greueltaten fernzuhalten.«

»Bleib hier«, rieten ihm seine Freunde, »nirgends bist du so sicher wie in Madrid, hier sind wir im Zentrum des Republikanismus, und im

Falle eines Putsches wird Madrid der sicherste Ort sein.« – »Wenn du weggehen willst, geh nicht nach Granada, geh nach Biarritz«, versuchte der Romancier Augustín Foxá ihn zu überzeugen.

»Was soll ich in Biarritz? In Granada bin ich zu Hause.«

Was Lorca vielleicht nicht wußte, war, daß sich auch in Granada die »Falange«, die faschistische Phalanx, formierte und auf einen eventuellen Putsch bestens vorbereitet war.

Am 10. Juli wurde García Lorcas Schwager, der Arzt und Sozialist Manuel Fernández Montesinos, zum Bürgermeister von Granada gewählt. Sollte er nach Granada fahren, wo er nun mit guten Freunden in beiden politischen Lagern rechnen konnte? Sollte er in Madrid bleiben, im sicheren Haus von Freunden, die ihm über die sommerliche Einsamkeit hinweghelfen würden? Oder sollte er die geplante Reise nach New York und Mexiko mit der Theatergruppe von Margarita Xírgu vorverlegen, was eine diplomatische Lösung gewesen wäre? Die Notwendigkeit, eine Entscheidung zu treffen, machte ihn von Tag zu Tag nervöser.

Am 16. Juli war er zum Mittagessen bei Rafael Martínez Nadal eingeladen. Rafael hatte Federico seit Erscheinen seiner »Zigeunerromanzen« nicht mehr so niedergeschlagen gesehen. Der übermäßige Erfolg von damals und die übermäßige Beunruhigung von jetzt verursachten in Federico dieselbe Verwirrung, dasselbe Gefühl des Verlorenseins. Während des Essens fragte er immer wieder: »Sag, Rafael, kannst du dir vorstellen, was passieren wird?« Auch von der Mutter seines Freundes holte er sich Rat: »Doña Lola, soll ich in Madrid bleiben oder nach Granada abreisen? Eigentlich sollte ich am 18. Juli in Granada sein, am Namenstag meines Vaters und mir. Dieses Jahr sind Paco und Isabel nicht zu Hause. Meine Eltern wären sicher sehr betrübt, wenn ich auch wegbliebe. Aber Rafael und ich werden über einem Glas Cognac im Café über meine Abreise entscheiden«, sagte er dann lachend.

Im Taxi versuchte Federico, Rafael zu überreden, mit ihm nach Granada zu fahren: »Im Dezember hast du es mir versprochen, und vor allem, du hast es meinen Eltern versprochen, zwei Wochen in der Huerta San Vicente zu verbringen. Sie rechnen mit dir ... Wenn ich bis jetzt noch nicht in den Zug nach Granada gestiegen bin, dann nur, weil ich in deiner Begleitung reisen möchte. Du kennst mein Werk so genau, deshalb mußt du nach Granada kommen. Ich will, daß du zu meinem Fest da bist, ich will dir das Dorf zeigen, wo ich geboren bin, die Ecken, die verborgenen Winkel, Zeugen meiner Kindheit.«

Rafael gab ihm dieselbe Antwort, die er ihm von Anfang an gegeben hatte. Daß ihn die Situation beunruhige und er nicht die Absicht habe, Madrid in diesem Sommer zu verlassen.

Auf der von der Hitze leergefegten Terrasse ihres Cafés sagte Federico nach langem Schweigen:»Du kommst also nicht nach Granada?«

»Nein, Federico.«

»Glaubst du, daß ich bei euch wohnen könnte?«

»Natürlich.« Wieder eine lange Pause.

»Was würdest du an meiner Stelle tun?«

Rafael bestellte daraufhin zwei weitere Cognacs.

Plötzlich sagte Federico mit unveränderter Stimme:»Rafael, diese Felder werden mit Toten übersät sein.«

Er versank in tiefe Nachdenklichkeit. Vielleicht kamen ihm seine Worte, die er einmal zu Carlos Morla Lynch gesagt hatte, in Erinnerung:»Ich leide unter dem Tod, aber nicht wegen dem, was danach kommen mag, das läßt mich unbekümmert. Sondern wegen des Schreckens, den mir der Gedanke einflößt ›wegzugehen‹, daß ich mich von mir selbst verabschieden werde . . . Ich empfinde viel Zuneigung zu mir.«

In dem Gedicht »Memento« hatte er dem zentralen Thema des Todes Dinge des Lebens, die nach dem Tod weiterexistieren, gegenübergestellt, um dadurch seine Freiheit von dem beklemmenden Gedanken an den Tod wiederzugewinnen.

> Wenn ich einst sterbe,
> begrabt mich mit meiner Gitarre
> unter dem Sande.
>
> Wenn ich einst sterbe,
> zwischen den Orangen
> und den Kräutern.
>
> Wenn ich einst sterbe,
> dann begrabt mich, wenn ihr wollt,
> in einer Wetterfahne.
>
> Wenn ich einst sterbe![51]

Federico drückte seine Zigarette aus und stand auf. »Ich habe mich entschieden«, sagte er mit fester Stimme. »Ich fahre nach Granada. Mein Vater wird sich freuen. Soll passieren, was Gott will.«

Zusammen fuhren die beiden zum Bahnhof, und Rafael begleitete seinen Freund bis in sein Abteil. Plötzlich drehte sich Federico erschreckt um, kehrte der Tür den Rücken, jemand hatte den Schlafwagengang passiert. »Lagarto! Lagarto! Lagarto!«* rief er. »Das war ein Abgeordneter aus Granada. Ein übler, ekelhafter Kerl«, erklärte er nervös und angewidert seinem Freund. »Geh jetzt, Rafael. Ich mache den Vorhang zu und krieche ins Bett, damit mich das Biest da nicht sehen kann.« Die beiden verabschiedeten sich. Einige Minuten später rollte der Zug an und brachte Federico García Lorca seinem tragischen Schicksal näher.

Als Federico am Morgen des nächsten Tages, dem 17. Juli 1936, in Granada ankam, fand in Melilla, der spanischen Kolonie in Marokko, der schon seit langem erwartete und befürchtete Putsch statt. Eine Gruppe von Armeeoffizieren bemächtigte sich der Garnison, und mit Hilfe der Truppen der Fremdenlegion hatte sie bald die ganze Stadt in Händen und konnte nun ungestört den Angriff auf das Mutterland vorbereiten. Die Madrider Regierung versuchte zuerst, die Gefahr herunterzuspielen, verheimlichte die wahren Vorgänge oder wollte sie nicht wahrhaben. Bis zum 19. Juli weigerte sie sich starrköpfig, Waffen an das Volk zu verteilen. Auch die Bewohner von Granada hatten vergeblich Waffen verlangt.

In der Huerta San Vicente war am Tag des Sankt Federico, dem 18. Juli, wenig Feststimmung zu spüren. Die jüngsten Vorfälle waren natürlich das einzige Gesprächsthema in der Familie. Im ganzen Land herrschte ein fürchterliches Durcheinander, Zeitungen wurden nicht ausgeliefert, Nachrichten über Radio flossen nur spärlich. Queipo de Llano, der fanatische General der Faschisten, verkündete über Rundfunk, daß er in einem Überraschungsschlag Sevilla, die wichtigste Stadt Andalusiens, eingenommen habe. Er schloß seine wilde Rede mit der Parole der nationalistischen Bewegung: »Nieder mit der Intelligenz. *Viva la muerte* – Es lebe der Tod.«

---

* Lagarto = Eidechse. In Andalusien auch Bezeichnung für unliebsame, hinterlistige Personen. Die Eidechse, die traditionell als Feindin der Schlange gilt, wird einem alten Brauch gemäß immer dann beschworen, wenn man sich von einem giftigen Reptil bedroht fühlt.

In Madrid, in Barcelona und in vielen anderen wichtigen Städten waren die rebellierenden Militärs vom bewaffneten Volk besiegt worden. Der Putsch war vorerst gescheitert, aber das Land war in zwei Teile zerrissen, der Bürgerkrieg unvermeidlich. Es war Granadas Unglück, gleich in den ersten Tagen in die Hände der Nationalisten zu fallen.

Am 20. Juli erhob sich die Garnison Granadas und besetzte die Stadt. Hinter dem Rücken des regierungstreuen Befehlshabers konspirierten die Offiziere und sabotierten die Anweisungen aus Madrid. Es war ein unerträglich heißer Tag, und Granada hielt Siesta. Innerhalb weniger Stunden patrouillierten in der ganzen Innenstadt Soldaten in Kriegsmontur und bewaffnete Falangisten. Der Zivilgouverneur wurde festgenommen und durch einen Militär ersetzt. Die Polizei schlug sich auf die Seite der Rebellen. Ein Trupp Soldaten drang in das Rathaus ein. Der Bürgermeister, Federicos Schwager, wurde verhaftet. Die wenigen zum Widerstand entschlossenen Granadiner zogen sich ins maurische Viertel Albaízin zurück und errichteten dort Barrikaden. Nur drei Tage lang konnten sie sich wehren, bevor der Widerstand in einem entsetzlichen Blutbad endete.

Nach der Verhaftung Manuel Montesinos lebte die ganze Familie in der Huerta San Vicente in fassungsloser Angst, die durch die Explosionen der Bomben, mit denen die republikanischen Flugzeuge die öffentlichen Gebäude der Stadt zu treffen versuchten, noch verstärkt wurde.

Angelina, das frühere Kindermädchen der Montesinos, erinnerte sich viele Jahre danach noch lebhaft an diese Tage: »Wenn die Bomben fielen, krochen die Frauen und Kinder unter Federicos großen Flügel, und einmal kam der Dichter im Pyjama die Treppe herunter, zitternd vor Furcht, um auch bei ihnen Unterschlupf zu suchen. ›Angelina‹, murmelte er, ›wenn sie mich umbrächten – würdet ihr da sehr weinen?‹ ›Ach was‹, antwortete ich, ›hören Sie auf, immer reden Sie vom gleichen.‹«

Federicos Angst wurde unkontrollierbar. Unruhig lief er ständig durch sämtliche Zimmer des Hauses. Draußen vor dem Gartentor erblickte er zwei ihm unbekannte Männer, die sich das Haus und den Garten genau ansahen. Das war etwa eine Woche nach seiner Ankunft in Granada. Gegen Mittag desselben Tages erhielt er einen anonymen Drohbrief. In groben, beleidigenden, aber unmißverständlichen Worten wurden ihm seine angeblichen Vergehen vorgeworfen: Demagogie, unerwünschte politische Freundschaften, Gottlosigkeit, sein Lebenswandel. Der Brief endete mit einer Todesdrohung.

Gegen fünf Uhr nachmittags am 9. August tauchten wieder zwei Männer am Tor auf. Mit halberstickter Stimme sagte Federico zu seiner Cousine:»Schau, diesmal sind sie's«, und tatsächlich hörte man die Kiesel des Gartenweges unter ihren Schritten knirschen. Die beiden Männer suchten den Bruder des Gutsverwalters der Garcías, der angeblich die Kirche von Valderrubio in Brand gesteckt hatte. Vergeblich durchstöberten die Eindringlinge die ganze Huerta und bestanden darauf, die Identität aller anwesenden Personen festzustellen. Als Federico versuchte, dazwischenzutreten und gegen diese Behandlung zu protestieren, schlug ihm einer der beiden Männer ins Gesicht und höhnte:»Was willst denn du überhaupt? Dich kennen wir sehr genau, Federico García Lorca.«

Wütend, daß sie die gesuchte Person nicht gefunden hatten, fesselten sie den Gutsbesitzer an einen Baum und peitschten ihn aus, dann zerrten sie alle Familienmitglieder der Lorcas ins Freie und drohten, sie zu erschießen. Federico wurde brutal niedergeschlagen. Angelina war es inzwischen gelungen, mit den Kindern über die Felder zu fliehen und einen Nachbarn zu benachrichtigen. Der rief die Zentrale der Falange an, und kurz darauf traf ein zweiter Trupp in der Huerta ein, der das Schlimmste verhindern konnte.

Federico hatte bis jetzt noch nichts vom Ausmaß des nationalistischen Terrors gewußt, der sich in der Stadt hemmungslos austobte, aber jetzt wurde ihm deutlich bewußt, in welch tödlicher Gefahr er schwebte. Er mußte sich verbergen.

Noch am selben Abend wurde ein kurzer Familienrat abgehalten, zu dem auch Luis Rosales, Dichter und Freund García Lorcas, hinzukam. Bald waren sich alle einig, daß es für Federico am besten wäre, sich im Hause von Luis Rosales zu verstecken, bis sich die Situation in Granada wieder etwas beruhigt hatte. Drei der fünf Rosales-Brüder waren überzeugte Falangisten und hatten bei der örtlichen Falange einflußreiche Positionen. Sicherlich würde niemand wagen, ihn dort zu belästigen.

Völlig verängstigt und verwirrt kam Federico im Haus der Rosales an, wo er sich in der freundlichen Umgebung jedoch bald wieder beruhigte. Er unterhielt sich meist mit Señora Rosales, ihrer Tochter Esperanza, die er seine »göttliche Gefängniswärterin« nannte, und Tante

Luisa, die ihn sehr verehrten, und erzählte ihnen Geschichten aus New York, Buenos Aires und Kuba oder spielte ihnen etwas auf dem Klavier vor. Aber dem hektischen Kommen und Gehen der Rosales-Brüder während der nächsten Tage und den aufgeregten Telefongesprächen war zu entnehmen, daß schwerwiegende Dinge vorgingen und daß die Rosales Federico etwas verschwiegen.

Voller Besorgnis dachte er an seinen Schwager Manuel, der noch immer im Gefängnis war. Doch dessen Zeit war schon abgelaufen. Im Morgengrauen des 16. August wurde Manuel Montesinos zusammen mit neunundzwanzig anderen Gefangenen an der Friedhofsmauer erschossen. Das Verbrechen, das er begangen hatte, war gewesen, daß er als Arzt und Sozialist für eine bessere Gesellschaft eingetreten war.

Am Nachmittag desselben heißen Sonntags, als Federico in seinem Zimmer Siesta hielt, wurde das ganze Haus mit bewaffneten Männern umstellt. Vierzig Häscher waren gekommen, um den Dichter zu verhaften, und angeführt wurde diese halbe Armee von jenem »ekelhaften Kerl«, dem Federico im Zug nach Granada begegnet war. Weder der Vater Rosales noch Luis' Brüder waren zu diesem Zeitpunkt im Hause, und so mußten die Frauen mit ansehen, wie jenes »Biest«, ein gewisser Ramón Ruiz Alonso, Federico mitnahm und ins Zivilgouvernement brachte.

Señora Rosales versuchte verzweifelt, ihre Söhne zu erreichen, was ihr aber erst am Abend gelang. Luis begab sich sofort ins Zivilgouvernement und verlangte, den Vorgesetzten zu sprechen, der war aber nicht in seinem Büro. Er solle eine schriftliche Erklärung abgeben, wurde ihm gesagt. Auch die Bemühungen, am nächsten Tag mit dem Zivilgouverneur zu sprechen, blieben erfolglos.

Inzwischen breitete sich die Nachricht von Lorcas Verhaftung in der ganzen Stadt aus. Auch Manuel de Falla erfuhr davon, und sofort beschloß dieser ängstliche, schüchterne und zerbrechliche Mann, etwas zur Rettung Federicos zu unternehmen. Er suchte die jungen Falangisten auf, die ihn kurze Zeit vorher zu überreden versucht hatten, eine falangistische Hymne zu komponieren. Doch Don Manuel kam zu spät. Am Morgen war Federico García erschossen worden. Man hatte ihn nachts nach Víznar außerhalb Granadas gebracht und im Morgengrauen des 19. August 1936 getötet, nahe der »Fuente Grande«, der »Großen Quelle«, die die Araber einst »Ainamadar« nannten, »Quelle der Tränen«.

»Die Sonne verbirgt sich, und dem Berg entquellen unzählige Kaskaden musikalischer Farben ... Alles klingt wie Melodie, wie alte Trauer, wie ein Weinen«, hatte der junge Lorca einst über diese Landschaft geschrieben, in der er zwischen Olivenbäumen den Tod fand.

Federico García Lorca mußte sterben, weil er die Freiheit verkörpert hatte. »Heftig in seinen Wünschen, wie ein Wesen, das für die Freiheit geboren wurde«, wie Vicente Aleixandre es ausdrückte. Er mußte sterben, weil er sein Volk liebte, in dessen Dienst er seine Arbeit gestellt hatte. Er mußte sterben, weil er es gewagt hatte, die Katholischen Könige zu kritisieren. Er mußte sterben, weil er ein Außenseiter, weil er homosexuell war. Federico wurde von einer Gesinnung ermordet.

Und er wurde vom Neid getötet. Federico war leidenschaftlich, brillant, er war weltberühmt und genoß das Leben, auch den Ruhm. Und er war populär, als Mensch wie als Dichter. Nirgends wurde er so beneidet wie in Granada, von jenen Granadern, die er »die mieseste Bourgeoisie« Spaniens nannte.

Die Mörder seines Körpers versuchten später, ihn zum zweiten Mal zu töten: »Wäre sein gewaltsamer Tod nicht von den Gegnern des Franco-Regimes politisiert worden, niemand würde von Federico García Lorca sprechen«, argumentierten sie. Aber die republikanischen Soldaten, die im September 1936 an die Madrider Front zogen, waren anderer Meinung. Sie übernahmen nicht den berühmten Wahlspruch der Verteidiger Madrids »No pasarán«, »Sie werden nicht durchkommen«, sondern sie sangen abgewandelte Lieder und Verse von García Lorca.

Wo ist mein Grab?

fragte er in einem Gedicht.

»In meinem Schwanze«, sagte die Sonne.
»In meiner Kehle«, sagt' der Mond.
Und ich, der ging und ging
mit der Erde bis zur Hüfte,
sah aus Schnee zwei Adler ...[52]

Wie es Federico in diesem Gedicht vorweggenommen hatte, wurde sein Grab nie gefunden. Irgendwo zwischen dem Dorf Víznar und der Fuente Grande hatte man ihn verscharrt. Aber wir kennen den Tag und das Haus seiner Geburt, wir wissen, was das Kind von Fuente Vaqueros spielte, was der Poet dichtete, und vom Balkon seines Zimmers in der Huerta San Vicente klingt das ferne Echo seiner Stimme:

> Wenn ich sterbe,
> laßt den Balkon geöffnet.
>
> Das Kind ißt Orangen.
> (Von meinem Balkon seh ich's.)
>
> Der Schnitter mäht Korn.
> (Von meinem Balkon fühl ich's.)
>
> Wenn ich sterbe,
> laßt den Balkon geöffnet![53]

Biographische Daten

1898	5. Juni: Federico García Lorca wird in Fuente Vaqueros, einem Dorf in der Nähe Granadas, geboren.
1902–1908	Besuch der kleinen Dorfschule in Fuente Vaqueros. Ab September 1908 besucht Lorca das Internatsgymnasium seines ersten Lehrers Antonio Rodríguez Espinosa in Almería, erkrankt aber nach einigen Monaten schwer und wird von der Familie zurückgeholt.
1909–1915	Gymnasialzeit in Granada, wohin die Familie 1909 übersiedelt. Beginnt Klavierunterricht bei Antonio Segura Mesa und will eine Musikerkarriere einschlagen.
1916	Tod Antonio Seguras. Erste Studienreise mit dem Literaturprofessor Martín Domínguez Berrueta. Erste literarische Arbeiten.
1917	Zweite Studienreise.
1918	Veröffentlichung von Lorcas erstem Buch »Eindrücke und Landschaften«.
1919	García Lorca zieht nach Madrid in die »Residencia de Estudiantes«.
1920	Aufführung von Lorcas erstem Theaterstück »Der verhexte Schmetterling«, wird vom Publikum nicht angenommen.
1921	»Libro de Poemas«, Gedichtbuch, erscheint in Madrid.
1922	1. Cante-Jondo-Wettbewerb in Granada. Vortrag über den Cante Jondo.
1923	September-Putsch des Generals Primo de Rivera mit anschließender Diktatur in Spanien. García Lorca lernt in der Residencia Salvador Dalí kennen.
1924–1926	Lorca schreibt mehrere Theaterstücke und Gedichtzyklen, will sich aus der ökonomischen Abhängigkeit von seinen Eltern befreien, spielt mit der Absicht, einen festen Beruf zu ergreifen. 1925 Besuch bei der Familie Dalí in Cadaqués. Komposition der Ode an Salvador Dalí.
1927	Durchbruch als Dichter und Dramatiker. Erstaufführung von »Mariana Pineda« in Barcelona mit der Theatergruppe von Margarita Xírgu. Der zweite Gedichtband »Lieder« erscheint. Ausstellung mit Lorcas Zeichnungen in Barcelona.
1928	Die »Zigeunerromanzen« erscheinen, García Lorca wird zu einer berühmten Figur. Die Freundschaft mit Buñuel und Dalí zerbricht, García Lorca stürzt in eine tiefe Depression.

1929–1930	Aufenthalt in New York, wo er die »nützlichste Erfahrung seines Lebens« macht.
	Lorca verbringt vier Monate in Kuba, Ende Juni Rückkehr nach Spanien mit dem Gedichtzyklus »Der Dichter in New York«.
1931	Beginn der Republik in Spanien, von Lorca begeistert begrüßt.
	Publikation der »Dichtung vom Cante Jondo«.
	García Lorca initiiert und leitet das Wandertheater »La Barraca«.
1933	Uraufführung von »Bluthochzeit«, außergewöhnlich großer Erfolg.
	Endgültige finanzielle Unabhängigkeit von seinen Eltern.
Okt. 1933–	Aufenthalt in Buenos Aires/Argentinien,
März 1934	Inszenierung verschiedener Stücke Lorcas, Lesungen, Vorträge.
1936	Lorca setzt seine Unterschrift an die Spitze eines Aufrufs zugunsten der Volksfront, unterzeichnet in den darauffolgenden Monaten mehrere antifaschistische Manifeste.
	19. Juni: beendet »Bernarda Albas Haus«.
	16. Juli: Abreise nach Granada.
	17. Juli: Putsch der Armeegeneräle.
	18. Juli: Beginn des spanischen Bürgerkrieges.
	20. Juli: Das Militär übernimmt die Herrschaft in Granada, Beginn eines monatelangen grausamen Terrors durch das Militär.
	9. August: García Lorca flüchtet unter dieser Bedrohung in das Haus des befreundeten Dichters Luis Rosales.
	16. August: Verhaftung Lorcas.
	19. August: Im Morgengrauen wird García Lorca in der Schlucht von Víznar außerhalb Granadas erschossen.

Bildnachweis

Archiv der Fundación Federico García Lorca, Madrid
Nataly Maier, Mailand/München (S. 57/61)
Alle Illustrationen sind von Federico García Lorca

Quellennachweis der Zitate
aus dem Werk García Lorcas

Alle Zitate aus dem Werk García Lorcas wurden, soweit sie in der autorisierten Übertragung von Enrique Beck bzw. Rudolf Wittkopf und Lothar Klünner vorliegen, mit Genehmigung des Insel Verlags, Frankfurt/M., übernommen.

 1 Landschaft. Federico García Lorca, Werke in drei Bänden. Ausgewählt und übertragen von Enrique Beck. Insel Verlag, Frankfurt/M. 1982, Bd. I, S. 120
 2 Aus: Kleine Ballade von den drei Flüssen. FGL, Werke, Bd. I, a. a. O., S. 37
 3 Aus: Granada. FGL, Werke, Bd. III, a. a. O., S. 110
 4 Aus: Kleine Ballade von den drei Flüssen. FGL, Werke, Bd. I, a. a. O., S. 37
 5 Aus: Doña Rosita bleibt ledig. FGL, Die dramatischen Dichtungen. Insel Verlag (it 3), Frankfurt/M. 1972, S. 379
 6 Aus: Autobiographische Notiz. FGL, Briefe an Freunde. Insel Verlag, Frankfurt/M. 1966, S. 124
 7 Aus: Im Athenaeum. FGL, Briefe an Freunde, a. a. O., S. 242
 8 Aus: Amargos Zwiegespräch. FGL, Werke, Bd. I., a. a. O., S. 93–95
 9 Aus: Gasel von der bitteren Wurzel. FGL, Diwan des Tamarit. Sonette der dunklen Liebe. Übertragen von Rudolf Wittkopf und Lothar Klünner. Suhrkamp, Frankfurt/M. 1986, S. 19
10 Aus: Zwiegespräche mit einem wilden Karikaturisten. FGL, Briefe an Freunde, a. a. O., S. 254
11 Aus: Juan Breva. FGL, Werke, Bd. I, a. a. O., S. 75
12 Aus: Der Cante Jondo. FGL, Werke, Bd. III, a. a. O., S. 88
13 Aus: Theorie und Spiel des Dämons. FGL, Werke, Bd. III, a. a. O., S. 41
14 ebd., S. 49
15 ebd., S. 48
16 ebd., S. 47
17 Aus: Tanzlied-Café. FGL, Werke, Bd. I, a. a. O., S. 76
18 Aus: Die Siguiriya zieht vorüber. FGL, Werke, Bd. I, a. a. O., S. 43
19 Aus: Rätsel von der Gitarre. FGL, Werke, Bd. I, a. a. O., S. 83
20 Aus: Nachdem sie vorbeigezogen ist. FGL, Werke, Bd. I, a. a. O., S. 44
21 Aus: Der Cante Jondo. FGL, Werke, Bd. III, a. a. O., S. 87
22 FGL, Werke, Bd. III, a. a. O., S. 154
23 Aus: An Jorge Guillén. FGL, Briefe an Freunde, a. a. O., S. 15
24 Aus: An Jorge Guillén. FGL, Werke, Bd. III, a. a. O., S. 161
25 Aus: Ode an Salvador Dalí. FGL, Werke, Bd. I, a. a. O., S. 294
26 ebd., S. 292
27 Aus: Somnambule Romanze. FGL, Werke, Bd. I, a. a. O., S. 153
28 Aus: García Lorcas neues Werk. FGL, Briefe an Freunde, a. a. O., S. 175
29 Aus: Mariana Pineda. FGL, Die dramatischen Dichtungen, a. a. O., S. 15
30 Aus: Das dichterische Bild Góngoras. FGL, Werke, Bd. III, a. a. O., S.27
31 Aus: Romanze von der spanischen Guardia Civil. FGL, Werke, Bd. I, a. a. O., S. 179
32 ebd., S. 179

33 ebd., S. 180/181
34 Aus: Porträt García Lorcas. FGL, Briefe an Freunde, a. a. O., S. 127
35 Aus: Brief an Jorge Zalamea. FGL, Briefe an Freunde, a. a. O., S. 91/92
36 ebd., S. 88
37 Aus: Die Morgenröte. FGL, Dichter in New York. Insel Verlag, Frankfurt/M. 1963, S. 55
38 Aus: Landschaft von der Menge, welche sich erbricht. Ebd., S. 39
39 Aus: Tanz des Todes. Ebd., S. 37
40 Aus: 1910 – Intermezzo. Ebd., S. 7
41 Aus: Ode an den König von Harlem. Ebd., S. 23
42 Aus: Schrei gen Rom. Ebd., S. 105
43 Aus: Geh ich nach Santiago. FGL, Briefe an Freunde, a. a. O., S. 150
44 Aus: Galerie: Federico García Lorca. FGL, Briefe an Freunde, a. a. O., S. 207
45 Aus: Literarische Unterhaltungen. Ebd., S. 247
46 Aus: Zwiegespräche mit einem wilden Karikaturisten. Ebd., S. 252
47 Aus: Bluthochzeit. FGL, Die dramatischen Dichtungen, a. a. O., S. 272
48 Aus: Malagueña. FGL, Werke, Bd. I, a. a. O., S. 80
49 Aus: Literarische Unterhaltungen. FGL, Briefe an Freunde, a. a. O., S. 249
50 Aus: Bernarda Albas Haus. FGL, Die dramatischen Dichtungen, a. a. O., S. 402
51 Memento. FGL, Werke, Bd. I, a. a. O., S. 79
52 Aus: Kasside von den dunklen Tauben. FGL, Werke, Bd. I, a. a. O., S. 281
53 Abschied. FGL, Werke, Bd. I, a. a. O., S. 138

Das Gedicht »Farben« (»Colores«, F. García Lorca, Suites, Editorial Ariel, Barcelona 1983) wurde von Hans-Jürgen Heise übersetzt.

Die Zitate aus noch nicht übersetzten Texten García Lorcas (sämtliche aus »Obras completas«, Aguilar, Madrid 1977, 20. Aufl., und »Archivo de los herederos de Federico García Lorca«) wurden, mit freundlicher Genehmigung der Fundación García Lorca, Madrid, und des Insel Verlags, Frankfurt/M., von Werner Steinbeiß übertragen; Copyright Fundación García Lorca, Madrid, 1987.

Verwendete Literatur

Adams, Mildred: García Lorca, Playwrite and Poet. George Brazzaviller, New York 1977

Alberti, Rafael: Der verlorene Hain. Erinnerungen, Suhrkamp, Frankfurt/M. 1985

Auclair, Marcelle: Enfances et mort de García Lorca. Ed. Seuil, Paris 1968

Aleixandre, Vicente: Federico. In: Federico García Lorca: Obras completas. Bd. 2, Aguilar, Madrid, 20. Aufl. 1977

Buñuel, Luis: Mein letzter Seufzer. Athenäum, Königstein/Ts. 1983

Byrd, Suzanne: La Barraca and the Spanish National Theatre. Ediciones Abra, New York 1975

Cano, José Luis: García Lorca. Biografía Ilustrada. Ed. Destino, Barcelona 1962

Couffon, Claude: Grenade, sur les Pas de García Lorca. Seghers, Paris 1962

Dalí, Ana-Maria: Salvador Dalí visto por su hermana. Ed. del Cotal, Barcelona 1983

García Lorca, Federico: Obras completas. 2 Bde. Aguilar, Madrid, 20. Aufl. 1977

García Lorca, Francisco: Federico y su mundo. Alianza, Madrid 1981

Gibson, Ian: Federico García Lorca. I. De Fuente Vaqueros a Nueva York 1898–1929. Grijalbo, Barcelona 1985
Lorcas Tod. Suhrkamp, Frankfurt/M. 1976

Guardia, Alfredo de la: García Lorca. Persona y creación. Schapire, Buenos Aires 1961

Heise, Hans-Jürgen: Bilder und Klänge aus Al-Andalus. Höhepunkte spanischer Literatur und Kunst. Neuer Malik Verlag, Kiel 1986

Heise, Hans-Jürgen/Zornack, Annemarie: Der Macho und der Kampfhahn. Neuer Malik Verlag, Kiel 1987 (*enthält den Aufsatz: »Das Andalusien Federico García Lorcas«*)

Martín, Eutimio: Federico García Lorca, heterodoxo y mártir. Análisis y proyeccion de la obra juvenil inédita. Siglo veintiuno, Madrid 1986

Molina Fajardo, Eduardo: Los últimos días de García Lorca. Plaza & Janes, Barcelona 1983

Mora Guarnido, José: Federico García Lorca y su mundo. Testimonio para una biografía. Losada, Buenos Aires 1958

Morla Lynch, Carlos: En España con Federico García Lorca (Páginas de un diario íntimo, 1928–1936). Aguilar, Madrid 1958

Oppenheimer, Helen: Lorca, the Drawings. The Herbert Press, London 1986

Río, Angel del: Vida y obras de Federico García Lorca. El Heraldo de Aragón, Zaragoza 1952
Poeta en Nueva York. Taurus, Madrid 1958

Rodrigo, Antonina: García Lorca en Cataluña. Planeta, Barcelona 1975
Lorca-Dalí. Una amistad traicionada. Planeta, Barcelona 1981

Umbral, Francisco: Lorca, poeta maldito. Biblioteca Nueva, Madrid 1968

Vicent, Manuel: García Lorca. Epesa, Madrid 1969

Werke von García Lorca, die ins Deutsche übersetzt wurden

Werke in drei Bänden. Ausgewählt und übertragen von Enrique Beck.
   Band I Gedichte. Band II Bühnenwerke. Band III Prosa.
   Zusammen 1219 S., Insel, Frankfurt/M. 1982
Bilder und Texte. Herausgegeben von Herbert Meier und Pedro Ramirez.
   248 S., Insel, Frankfurt/M. 1986
Briefe an Freunde. Erläuterungen über Dichtung und Theater. Ausgewählt und
   übertragen von Enrique Beck. 272 S., Insel, Frankfurt/M. 1966
Über Dichtung und Theater. Deutsch von Enrique Beck. 140 S.,
   Suhrkamp Tb. 196, Frankfurt/M. 1974
Die dramatischen Dichtungen. Deutsch von Enrique Beck. 448 S.,
   Insel Taschenbuch 3, Frankfurt/M. 1972
Granada und andere Prosadichtungen. Aus dem Spanischen von Enrique Beck.
   71 S., Arche Verlag, Zürich 1962
Gedichte. Ausgewählt und übertragen von Enrique Beck. 139 S.,
   Bibliothek Suhrkamp 544, Frankfurt/M. 1984
Das Publikum/Komödie ohne Titel. Zwei Stücke aus dem Nachlaß.
   Aus dem Spanischen von Rudolf Wittkopf. 87 S., Suhrkamp Tb. 1207,
   Frankfurt/M. 1986
Diwan des Tamarit. Sonette der dunklen Liebe. Spanisch und deutsch.
   Übertragen von Rudolf Wittkopf und Lothar Klünner. 112 S., Insel,
   Frankfurt/M. 1986
Dichter in New York. Spanisch und deutsch. Aus dem Spanischen von Enrique
   Beck. 136 S., Insel, Frankfurt/M. 1963
Dichtung vom Cante Jondo. Aus dem Spanischen von Enrique Beck. 130 S.,
   Suhrkamp Tb. 1007, Frankfurt/M. 1984 *(enthält Vortrag über den Cante
   Jondo)*
Drei kurze Spiele. Aus dem Spanischen von Enrique Beck. 47 S., Arche Verlag,
   Zürich 1962
Theorie und Spiel des Dämons. Aus dem Spanischen von Enrique Beck. 16 S.,
   Friedenauer Presse, Berlin 1984
Bernarda Albas Haus, 62 S., Reclams UB 8525, Reclam Verlag, Stuttgart 1985
Federico García Lorca als Zeichner. Herausgegeben von Rolf Blaeser. 219 S.,
   DuMont, Köln 1986
Zeichnungen. 71 S., Arche Verlag, Zürich 1969
Briefe an Jorge Guillén *(enthält Jorge Guillén, Mein Freund Federico)*. 158 S.,
   Limes, Wiesbaden 1960